1902년 서울 지도

작은 역사
작고 소소한 일상 속에 담긴 큰 세상,
땅과 사람과 사물이 살아온 이야기,
그림으로 읽는 우리 모두의 역사

글쓴이 전우용

이십 년 동안 서울의 역사를 공부했으며 많은 사람들이
서울을 알고 사랑하고 서울에서 행복하기를 바라는 사람이다.
서울대학교 국사학과를 졸업하고 같은 학교 대학원에서
〈19세기 말~20세기 초 한인 회사 연구〉로 박사 학위를
받았다. 서울시립대학교 서울학연구소 상임연구위원,
서울대학교병원 병원역사문화센터 교수를 지냈고 한양대학교
동아시아문화연구소 연구교수이자 서울시 문화재위원이다.
지은 책으로 《서울은 깊다》, 《현대인의 탄생》, 《한국 회사의
탄생》, 《오늘 역사가 말하다》 들이 있다.

그린이 이광익

서울의 동쪽, 아차산 너머 광나루에서 한강을 놀이터 삼아 어린
시절을 보냈다. 대학에서 시각 디자인을 전공했고 그림 그리는 게
좋아 일러스트레이터가 되었다. 그림책과 어린이문학을 비롯하여
고전·역사·지리·과학 등 어린이책 전 분야에 걸쳐 활발하게
작업하고 있다. 이번 작업을 하며 이제껏 알지 못했던 서울의 여러
얼굴을 보았다. 그 모습을 온전히 전하고 싶었다.
《과학자와 놀자》, 《초등학생을 위한 인물 한국사》, 《홍길동전》,
《천년의 도시 경주》, 《쨍아》, 《세탁소 아저씨의 꿈》 들의 책에
그림을 그렸다.

작은 역사 넷
서울의 동쪽
ⓒ 전우용, 이광익, 최정선 2014

초판 1쇄 발행 2014년 12월 10일 | 초판 6쇄 발행 2020년 3월 31일
기획 최정선 | 글 전우용 | 그림 이광익 | 편집 장원정, 최정선 | 디자인 민트플라츠 송지연
펴낸이 권종택 | 펴낸곳 ㈜보림출판사 | 출판등록 제406-2003-049호 | 주소 10881 경기도 파주시 광인사길 88 (문발동)
전화 031-955-3456 | 팩스 031-955-3500 | 홈페이지 www.borimpress.com | ISBN 978-89-433-0988-6 77910
이 책은 저작권법에 따라 보호받는 출판물입니다. 이 책의 내용 일부나 전부를 옮겨 싣거나 다시 쓰려면 반드시 저작권자와
출판사 양쪽의 허락을 받아야 합니다.
이 책의 국립중앙도서관 출판시도서목록(CIP)은 e-CIP 홈페이지(http://www.nl.go.kr/ecip)와 국가자료공농목복시스템
(http://www.nl.go.kr/kolisnet)에서 이용하실 수 있습니다. (CIP제어번호: CIP2014033320)
⚠ 주의: 책 모서리가 날카로우니 던지거나 떨어뜨리지 마세요. (사용연령 3세 이상)

서울의 동쪽

전우용 글 이광익 그림

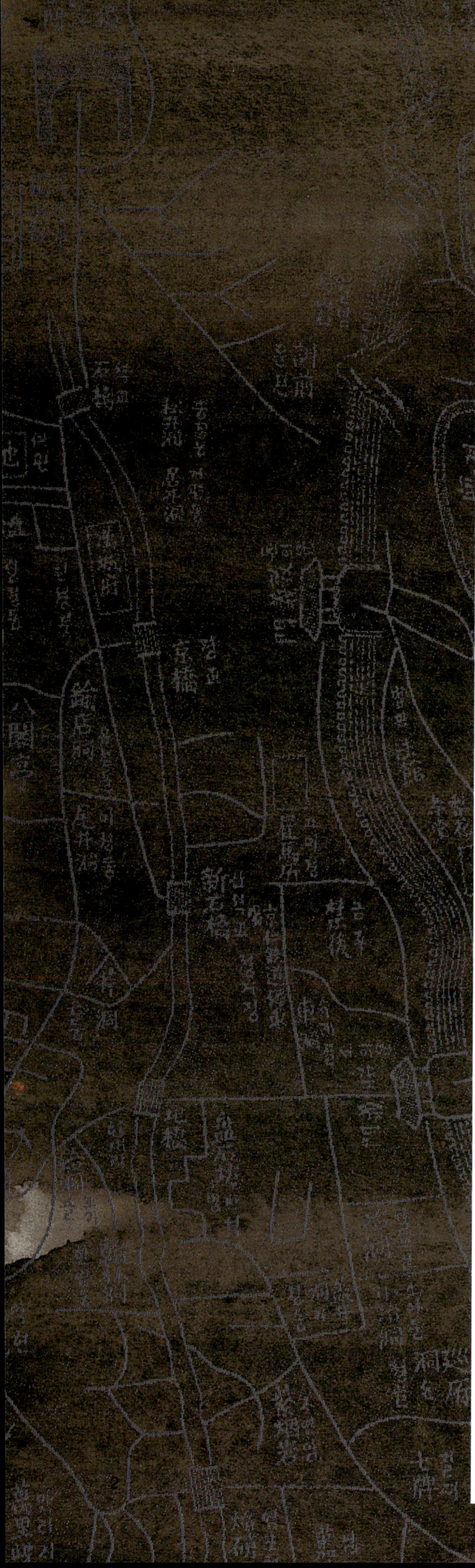

| 차례 |

여는 글 땅에 새긴 기록	4
한양, 조선의 서울이 되다	6
한반도는 서쪽이 낮고 서울은 동쪽이 낮다	8
서울의 동쪽 산, 낙산	10
서울의 동쪽 대문, 홍인지문	12
동교에서 임금은 모범을 보이고	14
동쪽 벌판에서는 말과 군사가 달린다	16
사람도 한양으로, 물자도 한양으로	18
개천을 정비하다	20
군인들의 땅, 아랫대	22
배우개장	24

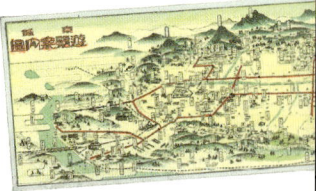

왕조는 무너지고 한양은 빛이 바래니	26	땅 위로 땅 밑으로 팽창하는 서울	44
발전소와 광장시장	28	서울운동장의 영광, 동대문운동장의 몰락	46
성곽은 허물어지고	30	동대문패션타운	48
토막과 문화주택	32	지금 여기 고층 건물의 숲에서	50
경성운동장	34	닫는 글 장소에 새겨지는 역사	52
서울은 대한민국의 수도가 되지만	36		
전쟁 뒤에 남은 것	38	이 책에 나오는 장소	54
평화시장이 생기다	40	찾아보기	55
한국 노동운동의 불꽃	42	참고문헌	56

|여는 글| # 땅에 새긴 기록

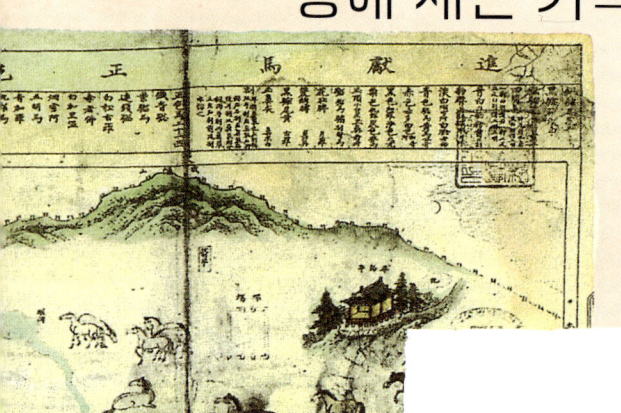
조선 후기 살곶이목장 지도(進獻馬正色圖)

1904년 동대문

역사는 과거에 대한 기억입니다. 사람은 자기가 한 일과 하려고 했던 일을 기록합니다. 일기장이나 메모장, 신문이나 보고서처럼요. 그렇게 수많은 사람들이 남긴 수많은 기록을 오늘날의 관점에서 정리하여 재구성한 것이 역사입니다. 그래서 기록은 역사의 어머니입니다.

그러나 사람들이 일부러 남긴 기록만 역사가 되는 건 아닙니다. 살면서 무심코 저지른 일들도 어디엔가 기록되곤 합니다. 땅 위에도 땅속에도요. 성을 쌓거나 운하를 파거나 길을 닦거나 궁궐을 짓는 큰일도, 집을 짓거나 무덤을 만들거나 쓰레기를 버리는 작은 일도 모두 땅에 자취를 남깁니다. 그래서 땅에도 기록이 남습니다.

동대문운동장 터에서 발견된 조선시대 유적

땅에 새겨진 기록은 쉽게 지워지지 않습니다. 지워진 듯했다가도 어느새 마술처럼 다시 나타납니다. 트로이와 폼페이처럼 사라진 도시가 통째로 모습을 드러내기도 하고, 진시황의 무덤처럼 불쑥 솟아오르기도 합니다. 땅에 새겨진 기록은 거짓말을 할 줄 모릅니다. 사람은 글을 쓰면서 꾸미고 과장하고 때로는 없는 일을 지어내기도 하지만, 땅은 있었던 일을 전할 뿐입니다.

또한 땅에 새겨진 기록은 여러 사람이 함께 만든 것입니다. 아무리 힘이 센 사람도, 아무리 지위가 높은 사람도, 혼자서는 땅에 기록을

1920년대 후반 경성유람안내도

1760년 준천 공사 기념 그림
(水門上親臨觀役圖)

남기지 못합니다. 설계하는 사람, 공사하는 사람, 지나다니는 사람, 모두가 자기 몫만큼 기록합니다.

서울은 세계에서도 손꼽히는 거대도시이며 초현대식 건물과 아파트 단지로 뒤덮인 현대 도시입니다. 자고 나면 새로운 것들이 생겨나고 끊임없이 새로운 모습으로 바뀝니다. 날마다 새로워지는 셈이지요. 그러나 서울은 아주 오래된 역사 도시이기도 합니다. 수백 년 된 궁궐과 성문이 있고 수백 년 된 골목도 있습니다. 암사동의 신석기시대 집터나 석촌동의 백제 돌무덤, 아차산의 고구려 보루와 북한산의 신라 진흥왕 순수비처럼 천 년 넘게 제자리를 지키는 것들도 많습니다. 서울 땅 어디에나 겹겹이 기록된 이야기들이 있습니다.

동네마다 길마다 역사가 있지만 서울의 동쪽, 동대문과 그 일대는 특히 색다릅니다. 조선 왕조가 처음 섰을 때, 이곳에는 사람보다 말이 더 많았습니다. 목장이 사라진 뒤에는 가난한 군인들이 많이 사는 서울의 대표적인 서민 동네였지요. 개천의 하류 지역이라 하여 '아랫대'라고 불리던 이곳에는 궁궐도 중요한 관청도 없었습니다. 경치가 특별히 아름다운 것도 아니었고요.

그러나 이곳에 새겨진 기록은 무척 많습니다. 우리가 꼭 기억해야 할 이들, 우리가 잊지 않아야 할 일들도 많습니다. 서울의 동쪽에 살던 사람들이 남긴 수많은 기록들, 그 땅에 새겨진 기록들을 이제 찬찬히 살펴보려 합니다.

신식 군인 별기군과 대한제국 시위대

1905년 서울의 채소 시장

조선 후기 동대문 밖 풍경
(겸재 정선의 東門祖道)

 # 한양, 조선의 서울이 되다

한양도성을 쌓다

태조 5년인 1396년, 두 차례에 걸쳐 전국에서 약 20만 명을 동원하여 98일 동안 성을 쌓았다. 평지와 야트막한 능선은 흙으로 쌓고, 산등성이는 돌로 쌓아 성의 모양을 갖추었다. 세종 때인 1422년에 성벽을 모두 돌로 다시 쌓았고, 숙종 때인 1704년에 대대적인 보수공사를 했다.

| 1400 | 1500 | 1600 | 1700 | 1800 | 1900 | 2000 |

1392 조선 건국, 도읍은 개성
1394 태조 한양으로 도읍 옮김
1396 한양도성 건설
1399 정종 도읍을 다시 개성으로 옮김

지금으로부터 육백여 년 전, 한반도에 조선 왕조가 새로 섰습니다. 조선은 새 도읍지를 한양 땅으로 정했습니다. 한양은 북한산의 남쪽, 한강 이북의 땅이라는 뜻입니다. 한반도의 허리께를 굽이굽이 감싸며 달려온 한강이 서해를 향해 마지막 발걸음을 내딛는 곳, 웅장한 기세를 자랑하는 북한산이 바로 굽어보는 곳입니다. 한반도의 복판에 자리 잡고 한강을 끼었으니 뭍길, 물길 모두 편리합니다.

새 왕조는 한양 땅 한가운데에 아늑한 분지를 만든 네 개의 작은 산, 낙타·인왕·목멱·백악의 능선을 빙 둘러 성곽을 쌓기로 했습니다. 임금이 사는 신성한 땅을 다른 땅과 구별하기 위해서도, 외적이 쳐들어오는 것을 막기 위해서도 성곽이 꼭 필요했거든요.

성곽 공사를 위해 전국의 백성들이 한겨울에 한양으로 불려 왔습니다. 농사철에는 농사를 지어야 했으니까요. 문익점이 원나라에서 목화씨를 들여온 지 겨우 삼십 년, 아직 목화솜이 널리 퍼지지 않은 때였습니다. 추운 겨울날, 제대로 입지도 먹지도 못한 사람들이 언 손을 호호 불며 동상에 걸린 발을 절며 성을 쌓았습니다. 그래서 서울 성곽의 돌 틈에는 수많은 백성들의 한숨과 눈물, 목숨이 스며어 있습니다.

한편에서는 왕이 머물 궁궐과 왕의 조상을 모실 종묘, 토지신과 곡식신을 모실 사직단, 그리고 행정을 책임지는 여러 관청 건물을 짓는 공사도 진행되었습니다.

길고 고된 공사가 끝나자 백성들은 모두 고향으로 돌아갔습니다. 그리고 새 사람들이 모여 들었습니다. 나랏일을 맡을 관리, 관리가 되려고 공부하는 이, 궁궐과 관청에 필요한 물건을 대는 상인, 군대의 장교, 지방에서 세금으로 올려 보내는 물자를 관리하는 이, 그리고 그들의 가족과 하인들입니다.

태조 때 쌓은 성벽

한반도는 서쪽이 낮고 서울은 동쪽이 낮다

한반도의 땅 모양은 동쪽이 높고 서쪽이 낮습니다. 한반도의 등줄기인 백두대간이 동쪽에 치우쳐 있기 때문입니다. 그래서 큰 강은 대부분 동에서 서로 흐릅니다. 한강도 그렇고요. 그런데 한양 땅은 반대로 서쪽이 높고 동쪽이 낮습니다. 서울 한복판을 흐르는 개천도 서쪽에서 동쪽으로 흐르다가 반대 방향으로 흐르는 중랑천과 합쳐져 한강으로 흘러들어 갑니다. 이렇게 반대 방향으로 흐르는 두 물이 얽히고 합치는 모양은 태극 무늬와 비슷합니다. 풍수지리설에서는 이런 땅을 좋은 일이 많이 생기는 땅, 명당이라고 합니다.

도성을 세울 때는 이렇게 좋은 터를 고르는 것이 중요했고, 도성 안에 시설을 배치할 때도 원칙이 있었습니다. 옛날 사람들은 방향에도 높낮이가 있다고 믿었어요. 왕은 북쪽에서 남쪽을 바라보아야 했지요. 이를 '제왕남면(帝王南面)'이라 합니다. 그래서 궁궐은 도성의 북쪽 끝자락에 지었습니다. 종묘는 궁궐의 왼쪽에, 사직은 궁궐의 오른쪽에 두어야 했습니다. 이는 '좌묘우사(左廟右社)'입니다. 궁궐 앞에는 행정을 책임지는 관청을, 궁궐 뒤에는 시장을 만들었습니다. 이는 '전조후시(前朝後市)'입니다. 모두 유교를 믿는 나라에서 수도에 시설을 배치하는 원칙입니다.

도성 안에서 성 밖으로 이어지는 큰 길을 닦고 물길도 다듬었습니다. 집 지을 땅을 나누어 받은 사람들은 저마다 집을 지었습니다. 작은 거리와 골목도 생겼습니다. 처음에 경복궁 뒤에 만들었던 시장은 터가 좁고 교통이 불편해서 종로로 옮겼습니다.

이렇게 해서 서울 한복판을 가로지르는 개천을 중심으로 궁궐과 관청, 종묘와 사직처럼 중요한 건물들이 모두 북쪽에 자리를 잡았습니다. 개천 남쪽에는 고작 병영이나 창고가 들어섰어요. 특히 개천 하류인 서울의 동쪽은 지대가 낮아 물난리가 자주 나는 곳이었습니다. 그러니 집도 사람도 드문 곳이었지요.

한양도성과 성저십리
북쪽에 북한산, 동쪽에 아차산, 서쪽에 덕양산을 두고 남쪽으로 한강을 마주한 땅이 한양이다. 이 한양의 안쪽, 백악·낙타·인왕·목멱 네 산의 능선을 둘러 성을 쌓았다. 이 성이 도성, 도성 밖 10리까지가 성저십리다. 이 권역이 요즘으로 치면 수도권인 셈이다. 도성 안과 성저십리의 행정은 모두 한성부가 맡았다.

아래 그림은 조선시대 지도(사산금표도, 해동지도, 동여도)를 토대로 구성한 것이다.

서울의 권역은 어떻게 달라졌나?
공식적으로는 도성 안만이 한성부였으나, 한성부의 행정권은 성저십리까지 미쳤다. 한성부는 일제강점기에 경성부로 이름이 바뀌었고, 행정구역도 도성 안과 용산으로 축소되었다가 1936년 성 밖 일부 지역과 영등포가 경성부에 편입되었다. 해방 후에는 서울시로 이름이 바뀌었고 1963년에 지금과 비슷한 크기로 확장되었다.

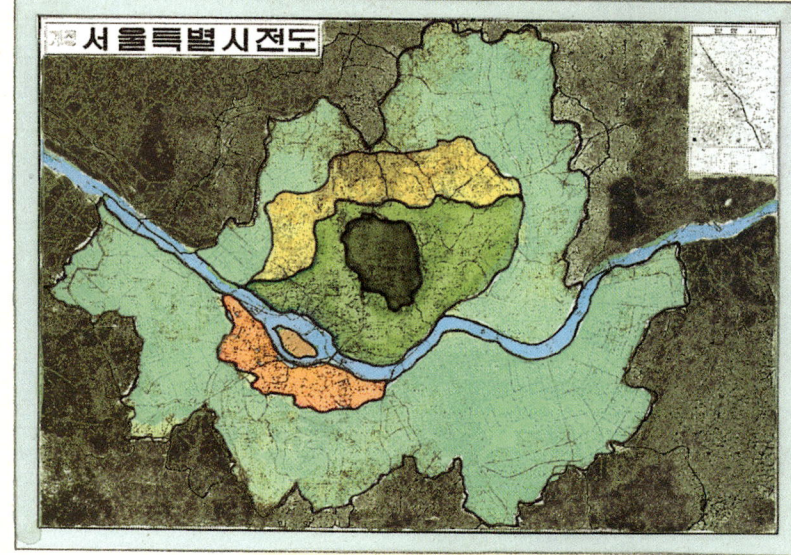

조선 한양도성
성저십리
일제강점기 경성
대한민국 서울

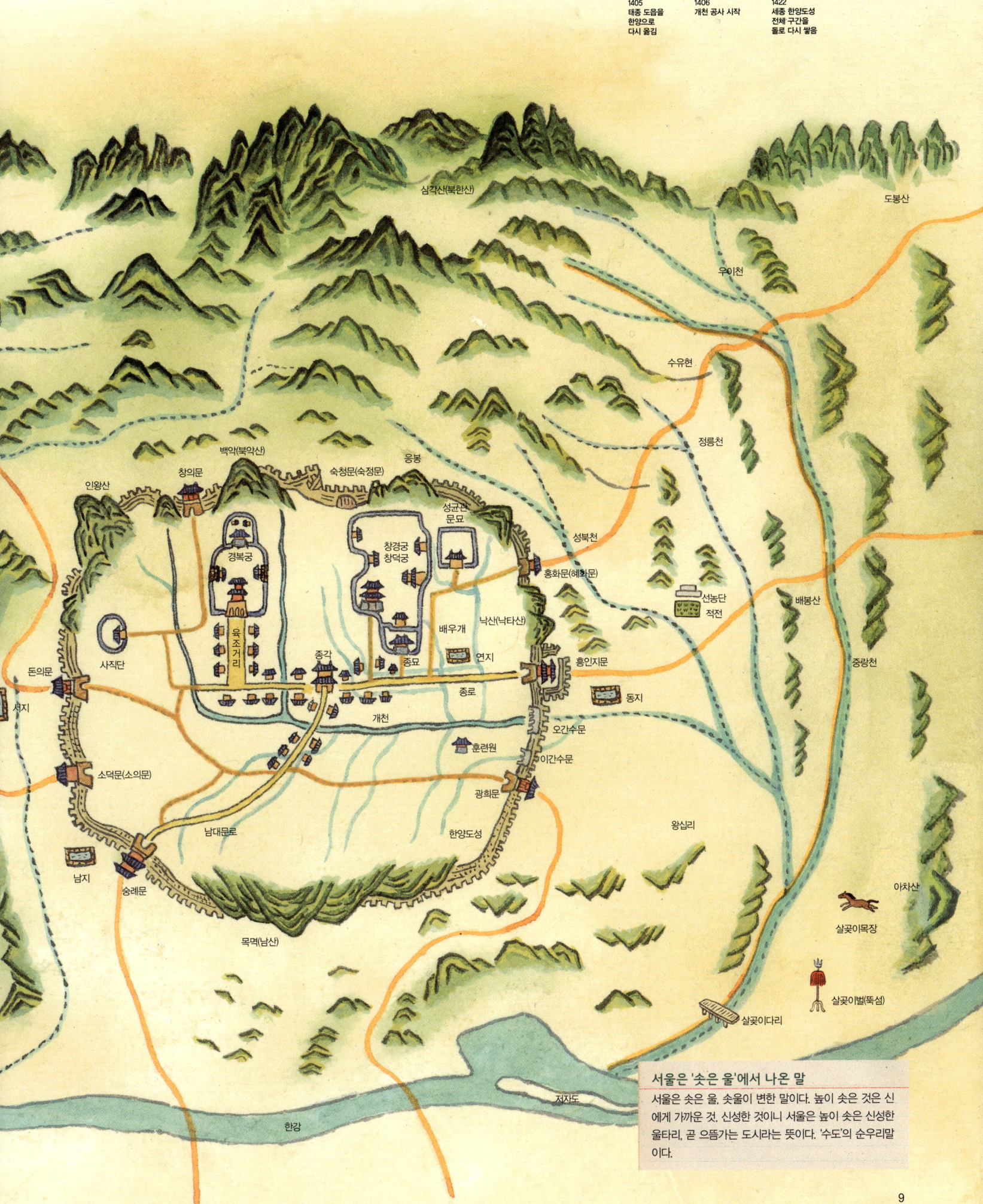

서울의 동쪽 산, 낙산

서울의 동쪽 산은 원래 낙타를 닮았다고 합니다. 그래서 낙타산 또는 타락산이라는 이름이 붙었고 줄여서 낙산이라 했습니다. 그러나 백여 년 전 경운궁(덕수궁)에 석조전을 지으며 낙산의 돌을 떠다 썼고, 그 뒤에도 여러 차례 산을 깎아 지금은 낙타 모습을 찾을 길이 없지요.

낙산에는 고려 태조 때 지은 청룡사라는 오래된 절이 있었습니다. 고려 왕조는 불교를 숭상하여 절을 많이 지었지만 조선 왕조는 서울에 절을 짓지 못하게 했어요. 그렇다고 있는 절을 허물지는 않았습니다. 왕실에도 절이 필요했거든요. 임금에게는 정식 부인인 왕비 말고도 후궁이 있었는데, 임금이 죽으면 후궁들은 궁궐을 떠나야 했습니다. 궁궐에서 나온 후궁 중에는 절에 들어가는 사람이 많았어요. 청룡사에서 비구니로 지낸 이도 많았지요.

청룡사 옆에는 정업원이라는 조그만 암자가 있었습니다. 단종 임금의 부인 정순왕후 송씨가 머물던 곳입니다. 단종은 작은아버지 세조에게 임금 자리를 빼앗기고 강원도 영월로 귀양을 가서 그곳에서 죽임을 당했습니다. 송씨는 날마다 낙산의 작은 봉우리에 올라가 영월 쪽을 바라보며 단종을 그리워했는데, 뒤에 사람들이 그곳에 동쪽을 바라보는 봉우리라는 뜻으로 '동망봉'이라는 이름을 붙였어요. 송씨는 시녀들과 비단에 자줏빛 물을 들여서 댕기 따위를 만들며 살았다고 합니다. 낙산

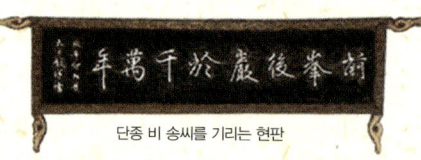
단종 비 송씨를 기리는 현판

계곡에는 송씨와 시녀들이 비단을 물들이던 샘터가 지금도 남아 있습니다. 청룡사 옆에는 송씨와 시녀들이 고누 놀이를 하던 돌 말판과 영조 임금이 단종과 송씨의 일을 애처롭게 여겨 세운 비석과 현판이 남아 있습니다.

낙산에는 세종 때 청백리로 유명하던 유관의 집도 있었습니다. 유관은 우의정이라는 높은 벼슬을 하면서도 재물에 욕심이 없고 곧아 매우 가난했다고 해요. 비 오는 날이면 비가 새는 방 안에서 우산을 쓰고 책을 읽을 정도였지요. 그래서 사람들은 유관의 집을 '우산각'이라 불렀답니다. 훗날 그 집터에 유관의 후손인 실학자 이수광이 새로 집을 짓고 살았습니다. 이수광은 그 집에 비를 겨우 가리는 집이라는 뜻으로 '비우당'이라는 이름을 붙였습니다. 지금 그 터에는 이수광의 집을 상상하여 만든 건물이 서 있습니다.

내사산 가운데 가장 낮은 낙산
한양을 둘러싼 네 개의 산이 내사산이다. 동쪽 산은 낙산, 서쪽은 인왕산, 남쪽은 목멱(남산), 북쪽은 백악(북악산)이다. 서쪽과 북쪽 산이 높고 동쪽과 남쪽의 산이 낮은데, 그 중에서도 낙산이 가장 낮다.

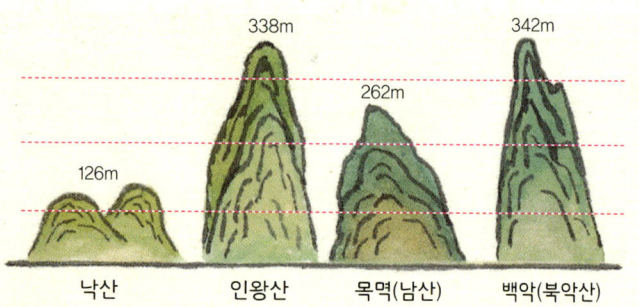

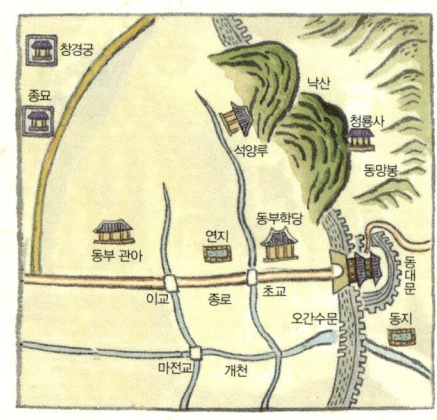

낙산 일대는 한성부 5부 가운데 동부
한성부는 동부·서부·남부·북부·중부로 나뉘었다. 부는 오늘날의 구에 해당한다. 낙산 서쪽 자락에는 동부 관아와 중등 교육기관인 동부학당이 있었다. 낙산은 야트막하지만 주위가 탁 트여서 도성 안팎을 한눈에 굽어볼 수 있었다. 그래서 낙산 기슭에는 왕족이나 고급 관리의 별장과 군사 시설이 많았다.

◀산처럼 바위처럼 변치 않는 마음
왼쪽 현판은 영조 임금이 남편을 그리는 단종 비 송씨의 한결같은 마음을 기리며 쓴 것이다. 前峰後巖於千萬年, 앞 산, 뒤쪽 바위 천만 년을 가리라.

국립 중등학교, 동부학당
서울에는 오늘날의 중고등학교에 해당하는 4부 학당이 있었으니 동학·서학·중학·남학이다. 4부 학당은 나라에서 운영하는 국립학교로 유학 경전을 가르쳤다. 정원은 학당마다 100명이었다. 동부학당, 즉 동학 근처 동네에는 인의동·예지동·효제동·충신동과 같이 유학의 가르침을 딴 이름이 많다.

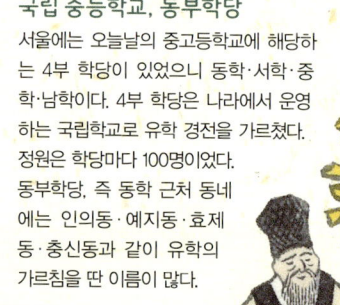

| 1400 | 1500 | 1600 | 1700 | 1800 | 1900 | 2000 |

1455 단종 쫓겨나고 세조가 왕위에 오름
1457 단종 영월에서 죽음
1771 영조 정업원 구기비 세움

◀ 연꽃 피는 동네, 연지동

낙산 서편에는 연꽃이 아름답기로 유명한 연못이 있었다. 이 연못이 연지이고, 여기에서 유래한 동네 이름이 연지동이다. 동대문 밖에도 커다란 연못이 있었는데, 이는 동쪽 연못이라 하여 동지라고 불렀다.

▶ 해 지는 풍경이 아름다운 집, 석양루

낙산 자락 소나무 울창한 곳에 인조의 셋째 아들이자 효종의 아우인 인평대군의 집 석양루가 있었다. 인평대군은 시, 그림, 글씨에 두루 능했고 청나라를 오가며 《연도기행》이라는 기행문을 남겼다. 대원군과 고종이 인평대군의 직계 후손이다. 효종(봉림대군) 또한 왕이 되기 전에 석양루 맞은편에서 살았는데 그 집의 이름은 아침 햇살이 비치는 집이라는 뜻의 조양루다.

낙산에 깃든 단종의 비 송씨의 애달픈 전설

낙산에 있는 샘 '자지동천'은 주변에 자주색 염료로 쓰는 풀, 지초가 나서 붙은 이름이다. 송씨와 시녀들이 이 샘물에 명주를 빨면 자줏빛으로 물들었다는 전설이 있다.
송씨가 날마다 오르던 동망봉의 풀은 송씨의 한이 맺혀서 동쪽으로만 고개를 숙인다는 전설도 있다.

정업원 옛터를 알리는 비석

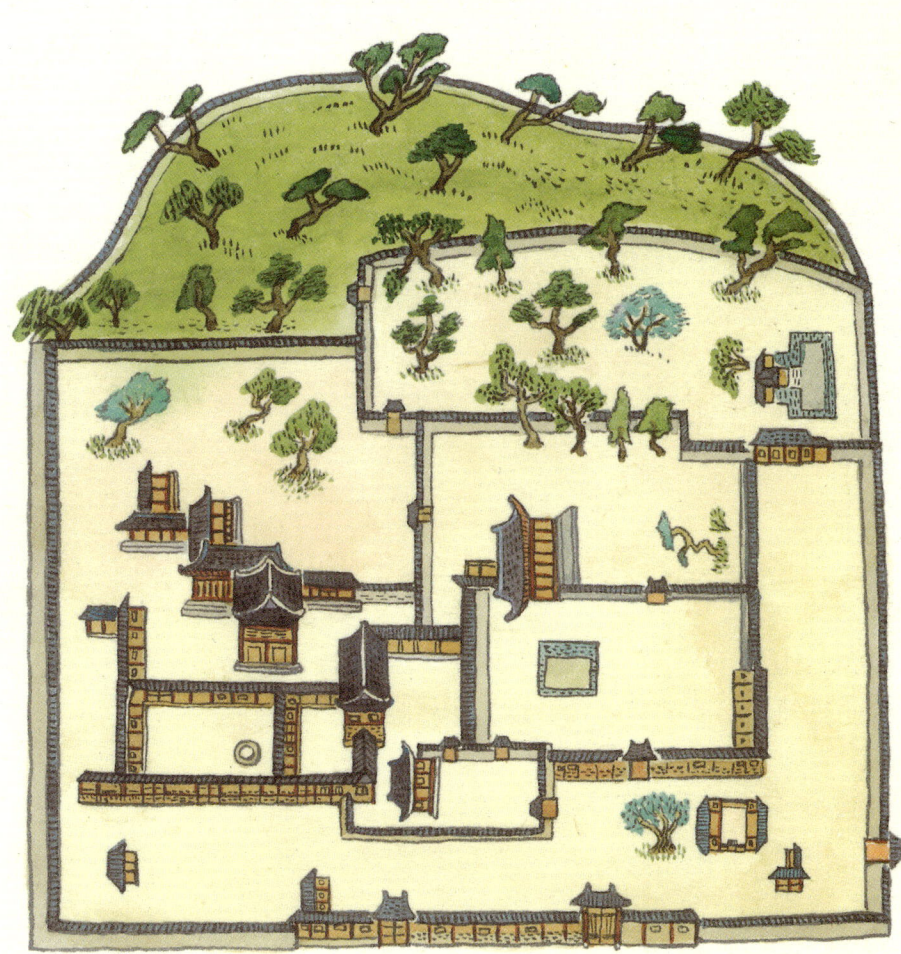

▶ 왕실 여인들이 여생을 보낸 절, 청룡사

청룡사는 고려 태조 때인 922년에 도선 국사의 유언에 따라 세워진 절이다. 조선 건국 후 고려 공민왕의 후비 혜빈이 주지를 지냈고, 왕자의 난으로 죽은 의안대군 방석의 부인 심씨가 뒤를 이었다. 태조 이성계는 딸 경순공주가 남편을 잃자 직접 머리를 깎아 주고 청룡사에 머물게 했다. 지금도 비구니 절이다.

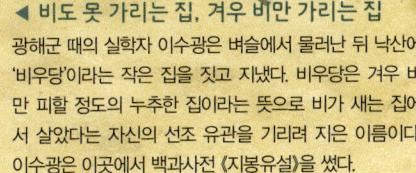

◀ 비도 못 가리는 집, 겨우 비만 가리는 집

광해군 때의 실학자 이수광은 벼슬에서 물러난 뒤 낙산에 '비우당'이라는 작은 집을 짓고 지냈다. 비우당은 겨우 비만 피할 정도의 누추한 집이라는 뜻으로 비가 새는 집에서 살았다는 자신의 선조 유관을 기리려 지은 이름이다. 이수광은 이곳에서 백과사전 《지봉유설》을 썼다.

서울의 동쪽 대문, 흥인지문

서울 성벽을 쌓으며 동서남북에 네 개의 큰 문, 사대문을 만들고 유교의 덕목에 따라 이름을 붙였습니다. 동서남북은 각각 인의예지(仁義禮智)에 해당합니다. 인(仁)은 사람의 근본 마음이고, 의(義)는 사람이 마땅히 지켜야 할 도리이며, 예(禮)는 사람 사이의 관계를 드러내는 방법입니다. 지(智)는 이 모든 것을 배워 아는 것이지요. 그래서 동쪽은 흥인문, 서쪽은 돈의문, 남쪽은 숭례문입니다. 그러나 북쪽 대문에는 '지' 자를 쓰지 않고 숙청문(뒤에 숙정문으로 바뀜)이라고 했습니다. 땅 모양과 음양의 이치를 고려한 까닭이라고 합니다.

동대문은 낙산 능선을 따라 내려와서 개천을 건너 남산으로 올라가는 성벽 사이에 냈습니다. 도성을 둘러싼 네 산 가운데 동쪽의 낙산이 가장 낮아서 동대문 앞에는 따로 둥글게 성벽을 더 쌓았습니다. 이를 옹성이라 합니다. 그래도 마음이 놓이지 않아 세조 임금이 문 이름에 꾸불거리는 산맥 모습의 '之(지)' 자 한 글자를 더하여 '흥인지문'이라 부르게 했습니다.

조선의 모든 길은 서울로 통했습니다. 서울에서 성 밖으로 뻗어나간 길은 국토의 끝까지 이어졌지요. 동대문 밖으로는 두 갈래 길이 났습니다. 하나는 수유리를 지나 동북쪽으로 길게 뻗어 두만강까지 가는 길이고, 다른 하나는 망우리를 넘어 동해안에 닿는 길이었습니다. 이 두 길은 산이 깊고 험한 함경도와 강원도로 이어졌기에 남대문이나 서대문 밖으로 난 길에 비해 한산했어요.

이 길로 변방의 소식을 전하는 군사들이 말을 달렸고, 말린 명태를 지게 가득 실은 장사꾼들도 힘겨운 걸음을 옮겨 놓았습니다. 말린 명태는 북쪽에서 오는 고기라 하여 북어라고 불렸습니다. 땔감을 잔뜩 실은 수레를 끄는 소와 말도 매일같이 이 길을 다녔어요. 그래서 길에는 항상 쇠똥, 말똥이 잔뜩 쌓여 있었지요.

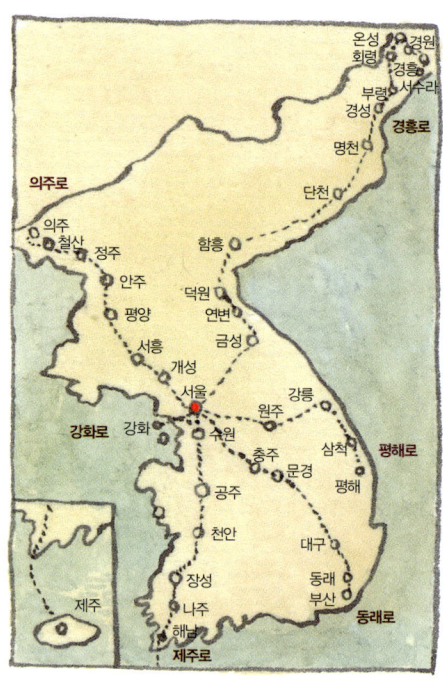

모든 길은 서울로 통한다
조선 왕조가 한양에 도읍을 정한 뒤, 서울을 중심으로 여러 도로가 정비되었다. 위 그림은 서울과 전국 팔도를 동서남북으로 두루 잇는 조선의 6대로다.

▶반달 모양 옹성을 두른 동대문
동대문(흥인지문)은 태조 5년(1396년)에 짓기 시작하여 그 해 가을에 일차 완공하였고 이듬해 옹성을 더 쌓았다. 그 뒤 고종 6년(1869년)에 대대적으로 개축하였다. 개축할 때 원래 있던 석재와 새로 다듬은 석재를 섞어 쓰고 벽돌도 새로 구워 사용했기 때문에 한양도성의 다른 문들에 비해 모양이 훨씬 다채롭다. 보물 제1호.

동대문 남쪽에는 광희문
사대문 사이에는 사소문이 있다. 동남쪽에 광희문, 동북쪽에 홍화문(혜화문), 서북쪽에 창의문(자하문), 서남쪽에 소덕문(소의문)이다.
광희문은 개천이 흘러 나가는 수문에 가깝다고 수구문, 시신이 나가는 문이라고 시구문이라 불렸다. 사람이 죽으면 도성 밖에 무덤을 썼는데, 왕실 가족이 아닌 시신은 모두 광희문이나 소덕문으로 나갔기 때문이다.

| 1400 | 1500 | 1600 | 1700 | 1800 | 1900 | 2000 |

1397
흥인지문 완공

1592
흥인지문
임진왜란으로
일부 불탐

1711
숙종 광희문
고쳐 쌓음

1869
고종 흥인지문
다시 쌓음

13

동교에서 임금은 모범을 보이고

조선 태조의 무덤, 건원릉

도성을 둘러싼 네 개의 산(내사산) 너머에는 그보다 더 큰 네 개의 산(외사산)이 또 있습니다. 동쪽에 아차산, 서쪽에 덕양산, 남쪽에 관악산, 북쪽에 북한산입니다. 성 밖에서 이들 산기슭에 이르는 지역을 '교'라 부릅니다. 동대문 밖은 동교, 서대문 밖은 서교예요. '교외'라는 말은 교의 바깥쪽이라는 뜻입니다.

▶임금은 풍년을 빌며 쟁기질을 한다

임금은 선농단에서 풍년을 비는 선농제를 지낸 뒤, 바로 그 옆 적전에서 쟁기질을 하고 씨를 뿌리는 의식인 친경을 한다. 옆의 그림은 이때 쓰는 수레와 쟁기를 그린 것으로 국가의 중요 예식을 치르는 방법과 절차를 기록한 책 《국조속오례의》에 실려 있다.

적전 관리를 맡은 관청은 전농시다. 전농시는 전국에서 우수한 곡물 씨앗을 모아 시험 재배하고 이를 전국에 보급했다. 볍씨를 시험 재배하는 땅은 특히 기름져야 하는데, 선농단 동쪽의 방아다리 근처가 볍씨 받는 논으로 오랫동안 이용되었다.

동대문을 나서 동교로 향하는 행렬 가운데 가장 웅장하고 화려한 것은 죽은 임금의 장례 행렬이었습니다. 새 임금과 왕자들, 왕실 어른들, 높은 벼슬아치들이 상여를 따랐어요. 서울의 장사꾼들이 큰 상여를 메고 군사들이 호위했습니다. 백성들도 상복을 입고 길가에 나와 죽은 임금의 마지막 가는 길을 지켜보았지요.

그 다음은 임금의 성묘 행렬입니다. 임금은 백성에게 효를 실천하는 모범을 보이려고 자주 성묘를 다녔어요. 조선 임금이 가장 많이 묻힌 곳은 동대문 밖 동구릉입니다. 동구릉은 조선의 첫 임금인 태조의 건원릉을 비롯하여 임금과 왕비 열일곱 명을 모신 아홉 개의 왕릉이에요. 조선 임금들은 임금이 되면 먼저 건원릉에

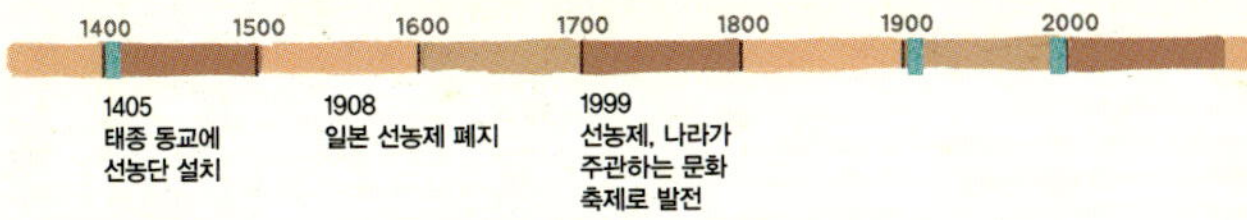

1400
1500
1600
1700
1800
1900
2000
1405
태종 동교에
선농단 설치
1908
일본 선농제 폐지
1999
선농제, 나라가
주관하는 문화
축제로 발전

文獻通考漢制如副車朱子曰耜[illegible][illegible]兩耳
置耕耒耜之[illegible]上親耕之所以起土耒柄也
所乘晋因之駕駟天子〇文獻通考未及[illegible]
十五

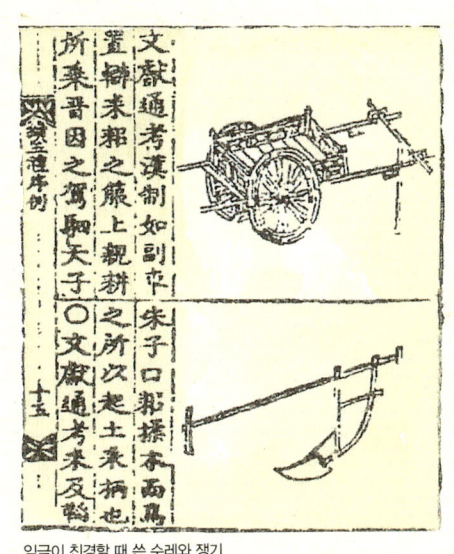

임금이 친경할 때 쓴 수레와 쟁기

가서 왕위를 이어받았음을 알렸습니다. 그러니 임금의 성묘 행렬이 가장 자주 지나는 문도 동대문이었어요.

임금은 제사를 지내려고도 동교로 나갔습니다. 가장 중요한 제사는 종묘와 사직, 성균관의 문묘(공자를 모신 사당)에 올리는 제사였지만, 먼 옛날부터 전해 온 다른 제사도 여럿 있었거든요. 풍년을 비는 선농제, 누에치기가 잘되기를 비는 선잠제, 비가 알맞게 오기를 비는 우사제, 말이 잘 자라기를 비는 마조제 등입니다. 제단은 모두 교에 있었습니다. 넓은 들이 펼쳐진 동교에는 제단도 많아서 선농단, 선잠단, 우사단, 마조단, 선목단, 사마단, 마보단, 마제단 등이 있었어요. 선농단 옆에는 적전이라는 특별한 밭도 있었습니다. 농사철이 시작될 무렵 전국의 농부 대표들을 불러 모으고 그 앞에서 임금이 직접 농사짓는 의식을 치르는 밭입니다. 농사짓는 일을 주관한다는 뜻의 전농동, 제사 지내는 터라는 뜻의 제기동이라는 이름이 여기에서 나왔어요. 임금이 소를 몰아 밭을 가는 시늉을 한 뒤에는 소를 잡아 탕을 끓여 먹었는데, 선농제 때 먹는 탕이라 해서 '선농탕'이라고 했습니다. 이 말이 변해 '설렁탕'이 되었습니다.

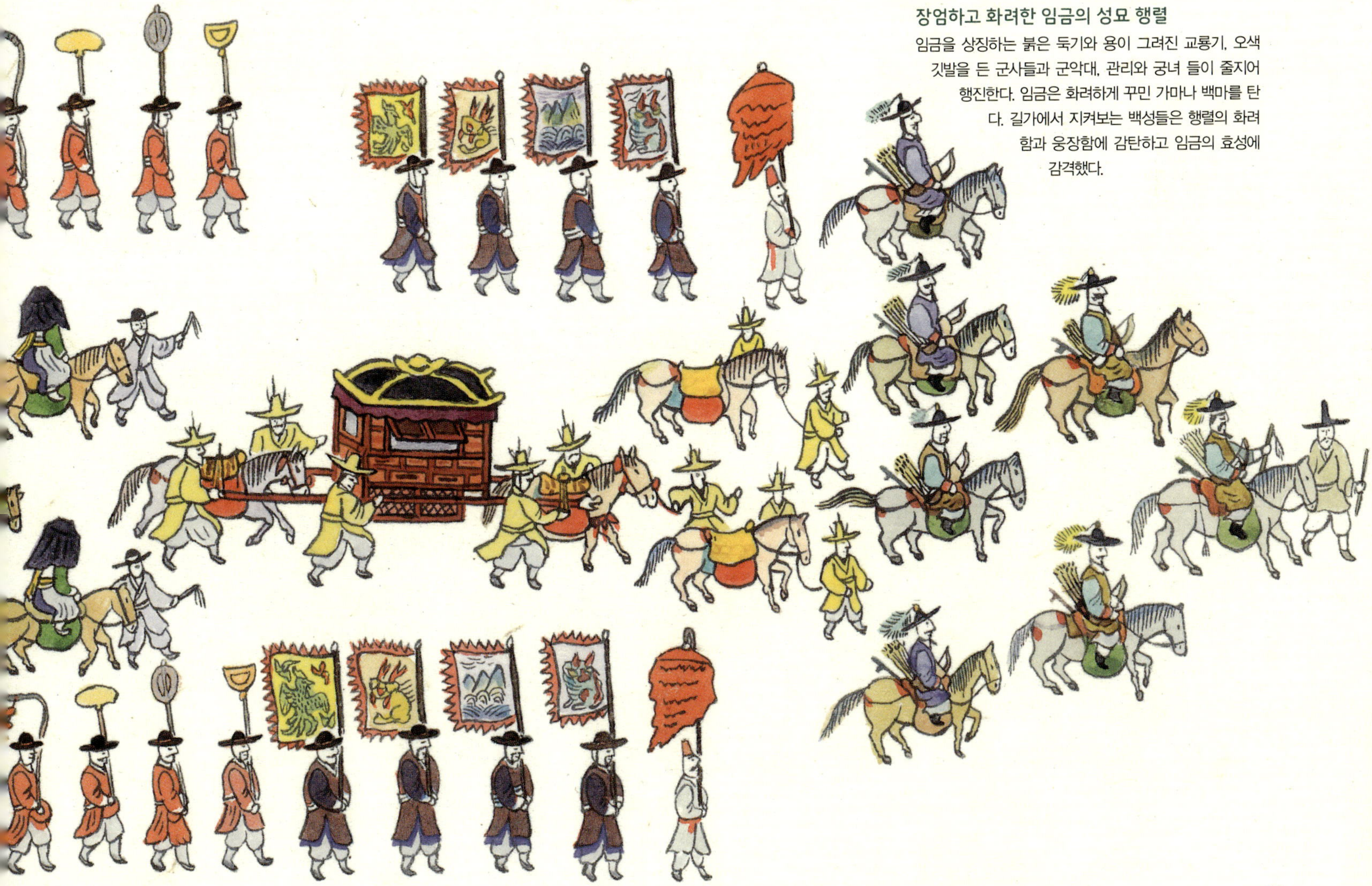

장엄하고 화려한 임금의 성묘 행렬

임금을 상징하는 붉은 둑기와 용이 그려진 교룡기, 오색 깃발을 든 군사들과 군악대, 관리와 궁녀 들이 줄지어 행진한다. 임금은 화려하게 꾸민 가마나 백마를 탄다. 길가에서 지켜보는 백성들은 행렬의 화려함과 웅장함에 감탄하고 임금의 효성에 감격했다.

동쪽 벌판에서는 말과 군사가 달린다

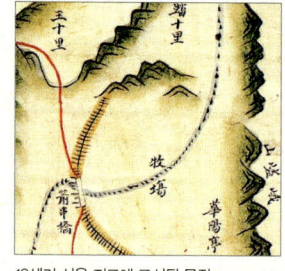
18세기 서울 지도에 표시된 목장

동교의 끄트머리에는 아차산이 있습니다. 정상에 오르면 한강 건너편 멀리까지 굽어볼 수 있어서 아차산은 삼국시대부터 중요한 군사 기지로 쓰였어요. 산 곳곳에는 지금도 고구려 군사들이 만든 작은 요새가 남아 있습니다.

아차산에서 가장 높은 봉우리는 용마산입니다. 아기 장수를 태우러 날아온 용마가 주인이 죽자 낙심하여 쓰러져 산이 되었다는 이야기도 있고, 말을 기르는 산이라는 뜻의 양마산이 변하여 용마산이 되었다는 이야기도 있습니다. 조선 정부가 아차산 자락의 넓은 들 곳곳에 목장을 만들어 말을 놓아길렀거든요. 목장 주위에는 돌을 쌓아 길고 긴 울타리를 만들었고요.

그 시절에는 말이 무척 귀한 동물이었습니다. 가장 빠른 교통수단이었으니까요. 말은 나라를 다스리는 데 꼭 필요했어요. 임금이 지방으로 급한 명령을 내릴 때도, 전쟁을 치를 때도 말이 있어야 했습니다. 임금이 행차할 때에도 말 탄 병사들이 호위를 해야 위엄을 세울 수 있었어요. 죽은 말도 쓸모가 많았지요. 고기는 먹고, 가죽으로는 북이나 장구, 화살통, 신발 따위를 만들었습니다. 말의 갈기나 꼬리털로는 망건이나

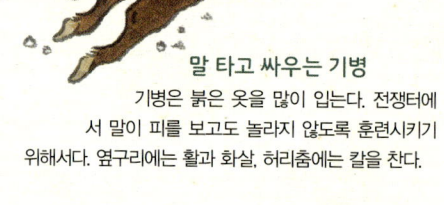
말 타고 싸우는 기병
기병은 붉은 옷을 많이 입는다. 전쟁터에서 말이 피를 보고 놀라지 않도록 훈련시키기 위해서다. 옆구리에는 활과 화살, 허리춤에는 칼을 찬다.

말가죽과 말총으로 만드는 물건

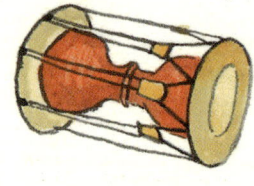

◀ **임금이 거둥할 때 드는 깃발, 둑기**
원래는 '독기'인데 '둑기'가 된 것은 '오'를 '우'로 발음하는 서울 사투리 때문이다. '삼촌'을 '삼춘'이라고 부르는 것도 마찬가지다. 큰 창에 소꼬리를 달거나 짐승 털을 달아서 만든다.

▶▶ **살곶이벌과 살곶이다리**
살곶이벌은 뚝섬, 뚝도, 전관이라고도 부른다. 광나루에서 한강과 중랑천이 만나는 곳까지 강변에 형성된 넓은 들이다. 땅이 평탄하고 비옥하여 조선 초기에는 목장으로 쓰였고, 목장이 폐쇄된 뒤에는 궁궐에 바치는 곡물과 채소를 재배했다.
살곶이벌의 물길 하류에는 살곶이다리가 있다. 세종 2년(1420년)에 공사를 시작하여 성종 14년(1483년)에 완공했다. 폭 6m, 길이 76m로 조선시대 돌다리 중 가장 길다. 보물 제1738호.

1950년대 살곶이다리 모습

갓과 같은 모자를 짜거나 가야금 줄, 붓 등을 만들었고요. 목장에서는 많은 사람들이 여러 가지 일을 나누어 맡았습니다. 말을 돌보는 목자, 말을 훈련시키는 군사, 아픈 말을 치료하는 수의사, 말발굽에 편자를 박는 대장장이, 고기를 다듬거나 가죽으로 물건을 만드는 백정이 있었어요.

목장이 있던 동네는 지금도 옛 자취를 알 수 있는 이름으로 불립니다. 말 목장 동네라는 뜻의 마장동, 목장을 마주보는 동네라는 뜻의 면목동, 목장 안 넓은 벌판이라는 뜻의 장안평, 암말을 기르는 동네라는 뜻의 자양동 등입니다. 목장 서쪽에는 마조단이라는 제단을 두고 봄이면 말이 새끼를 많이 낳고 병들지 않기를 비는 제사를 지냈습니다.

목장은 임금의 사냥터나 군사 훈련장으로도 쓰였습니다. 임금이 직접 훈련을 지휘할 때에는 임금을 상징하는 커다란 깃발을 땅에 꽂았어요. 그 깃발이 '독기'입니다. 독기를 꽂아 두던 곳은 '독섬'이라 했는데 지금은 '뚝섬'으로 바뀌었지요. 뚝섬의 다른 이름은 살곶이벌입니다. 물살이 화살처럼 빨라 '살곶'이라 했다고도 하고, 태조가 아들 태종에게 쏜 화살이 빗나가 꽂힌 땅이어서 '살곶이'가 되었다고도 합니다.

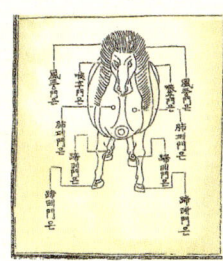

말에게 침놓는 자리를 표시한 경락도

조선의 으뜸 목장은 살곶이목장
조선시대에는 전국 200여 목장에서 말 45만 필을 길렀는데 그중 가장 좋은 말을 골라 키우는 곳이 살곶이목장이다. 왕실용 말과 군용 말을 공급하고 혈통이 좋은 말을 전국 목장에 분양했다. 전관목장, 동교목장이라고도 한다. 동쪽으로 아차산, 남쪽으로는 한강, 서쪽과 북쪽으로는 배봉산, 중랑교, 살곶이다리에 이르는 넓은 지역이다. 아차산 일대에는 돌로 쌓은 목장 울타리의 흔적이 남아 있다. 목장 관리는 병조에 속한 사복시가 맡았다.

편자를 만드는 대장장이
편자는 말의 발굽이 상하지 않도록 대어 붙이는 쇳조각이다. 대장장이가 쇠로 말발굽 모양의 편자를 만들면, 마제사가 편자를 말발굽에 박는다.

말을 훈련시키는 군사

임금이 머물던 정자, 화양정
세종 때 만든 정자로 임금이 머물거나 군사훈련을 지켜보던 곳이다. 영월로 유배 가던 단종이 유배길 첫 밤을 보낸 곳이기도 하다. 화양정은 1911년에 벼락을 맞아 불탔지만 그 옆에 있던 느티나무는 아직 살아 있다.

말을 먹이고 씻기고 보살피는 목자

강둑을 보호하는 버드나무 울타리

사람도 한양으로, 물자도 한양으로

조선의 임금과 관리들은 유교의 가르침에 따라 백성을 다스리며 나라의 기틀을 다졌습니다. 법률을 정비하고 한글을 창제했으며, 지리를 조사하고 세금을 조정했지요. 양반들 사이에 권력 다툼이 생겨 서로 죽고 죽이는 일은 있었으나 백성들은 큰 난리를 겪지 않고 평온한 나날을 보냈습니다. 그런데 조선 왕조가 선 지 꼭 이백 년이 지나서 일본이 쳐들어왔습니다. 칠 년 전쟁 끝에 어렵게 일본군을 물리친 뒤, 다시 삼십여 년이 지나자 이번에는 청나라가 쳐들어왔습니다. 잇단 전쟁으로 많은 사람이 죽고 농토가 황폐해졌습니다.

사람들은 전쟁 피해를 극복하기 위해 지혜를 짜내고 힘을 모았습니다. 나라에서는 의학책을 펴내어 병으로 죽는 사람을 줄이려 했고, 농민들은 저수지를 만들고 농사법을 개량하여 한 톨이라도 더 많은 곡식을 생산하려고 애썼어요. 오래지 않아 인구가 다시 늘었습니다. 그런데 문제가 생겼어요. 농업기술이 발전한 덕에 적은 인구로 더 많은 땅을 경작할 수 있게 되니 농사지을 땅을 얻지 못하는 사람이 늘었습니다.

많은 사람들이 일거리를 찾아 서울로 올라왔습니다. 서울에 오면 직업군인이 될 수도 있고, 장사꾼이 될 수도 있고, 남의 일을 대신하는 일꾼이 될 수도 있었어요. 하다못해 거지 노릇을 하더라도 서울에서 하는 게 나았지요. 당시에는 거지를 '깍쟁이'라고도 했는데 서울에 거지가 많아지자 서울 사람을 낮추어 깍쟁이라 부르는 풍습이 생겼습니다.

조선 후기에 널리 쓰인 화폐, 상평통보

나라에서 세금 걷는 법도 바뀌었습니다. 백성들에게 지역 특산물을 걷는 대신 쌀이나 옷감 또는 돈을 바치게 했어요. 그렇게 거둔 것을 상인들에게 주고 특산물을 사 오게 했지요. 덕분에 전국의 특산물이 서울로 모여들었습니다. 한강 변과 동대문 안, 남대문 밖에는 큰 시장이 생겼습니다.

| 1400 | 1500 | 1600 | 1700 | 1800 | 1900 | 2000 |

1592 임진왜란 일어남　　1636 병자호란 일어남　　1655 농가집성 간행　　1708 대동법 전국 실시

빠르게 늘어나는 서울 인구

조선 개국 직후부터 서울 인구는 대략 10만 명 선을 유지했다. 시골 사람은 정부의 허락 없이는 함부로 서울에 들어와 살 수 없었다. 그러나 임진왜란과 병자호란 이후 사회 전체가 변화하고 정부의 통제가 느슨해지자 서울 인구가 급격히 늘었다. 17세기 중반에는 20만 명, 18세기 후반에는 도성 밖 한강 변 인구까지를 합쳐 30만 명을 넘어섰다.

개천을 정비하다

영조 임금

도성 안에 인구가 늘자 집터가 모자랐습니다. 사람들은 큰 집을 나누어 작은 집을 여러 채 짓고 마당에 있던 텃밭도 없앴습니다. 그렇게 되니 똥오줌을 버릴 곳이 부족해졌지요. 텃밭에는 똥오줌이 좋은 비료였지만 이제는 쓸모가 없어 개천으로 흘려보내야 했습니다. 날씨도 전보다 추워져서 땔나무가 많이 필요했어요. 나라에서는 서울 주변의 산에서 나무하는 것을 금지했지만 사람들은 몰래 나무를 베어 팔았습니다. 산에 나무가 줄어드니 비가 오면 흙과 모래가 쓸려 개천으로 흘러들어 갔습니다.

개천 하류 쪽 형편도 달라졌습니다. 전쟁을 겪으며 목장의 말들이 다 사라졌어요. 목장 터는 농토로 바뀌었고요. 사람들은 땅에서 돌을 골라 물가에 버리고, 땅을 고르느라 퍼낸 흙도 물가에 쌓아 두었습니다. 큰비가 오면 쌓아 둔 흙이 무너지고 돌이 굴러 내려 물길을 막았지요. 비가 오면 개천이 넘치고 집들이 물에 잠겼습니다.

영조 임금은 개천 바닥을 파내어 물길을 열기로 했습니다. 나라에서 돈을 내고, 백성들도 곡괭이와 삽을 들고 나와 개천을 팠어요. 파낸 흙은 동대문 양편에 나누어 쌓았고요. 흙을 쌓고 또 쌓으니 산이 되었지요. 이를 사람이 만든 산이라 하여 조산, 또는 가짜 산이라 하여 가산이라 했습니다. 개천 공사는 이삼 년마다 거듭되었는데 그때마다 가산도 조금씩 커졌습니다. 가산 주변에 작은 흙 언덕도 여럿 생겼습니다.

가산이 생기자 갈 곳 없는 거지들이 모여들어 땅굴을 팠습니다. 땅굴에 사는 거지들은 '땅거지'나 '땅꾼'이라 불렸어요. 영조 임금은 거지들이 이 집 저 집 동냥 다니다 행패라도 부릴까 걱정하여 거지들에게 뱀을 잡아 파는 권리를 주었습니다. 이때부터 뱀 잡는 사람도 땅꾼이라 불렸지요. 땅꾼들은 성 밖에서 뱀을 잡아 와서 개천 다리 밑에 큰 솥을 걸고 끓여 팔았습니다. 그 뒤로 오랫동안 개천 다리 밑에는 뱀탕집이 많았습니다.

거지라고 구걸만 하는 건 아니다
거지들은 사람들이 꺼리는 일을 맡아 하고 품삯을 받기도 했다. 초상집 상여를 메거나 연고 없이 떠돌다 죽은 사람의 시신을 치우는 일 따위다. 거지들은 보통 개천 다리 밑이나 가산에 땅굴을 파고 무리 지어 살았다. 거지패들의 우두머리는 꼭지, 총 두목은 꼭지딴이라 불렀는데, 꼭지딴을 뽑는 거지 대회는 가산에서 열렸다.

▲▶개천 물이 흘러나가는 동대문 옆 오간수문
오간수문은 다섯 칸짜리 수문이라는 뜻이다. 광희문 쪽에는 두 칸짜리 이간수문이 있었다.
개천은 본래 자연적인 시내를 파내서 정비한다는 뜻인데, 이렇게 정비된 시내도 개천이라 불렀다. 청계천은 백 년쯤 전에 일본인들이 붙인 이름이다.
개천 공사는 태종 때부터 여러 차례 이루어졌다. 성종 때는 둑에 버드나무를 심었고, 영조 때는 개천 양안 전체에 돌로 축대를 쌓았다. 그 뒤로 개천 하류 쪽에도 집이 많이 들어섰다. 위는 1902년 즈음의 오간수문 모습이다.

▶영조 임금, 몸소 개천 공사장에 나오다
개천 정비 공사는 1760년 봄에 약 두 달 동안 진행되었다. 영조 임금은 직접 공사장에 가서 진척 상황을 살펴보고 백성들을 격려했다. 공사가 끝난 뒤에는 연회를 베풀어 공을 세운 이들을 치하하고, 이 사업에 관한 기록과 그림을 묶어 《준천계첩》이라는 화첩을 만들게 하였다

흥부가 유산을 물려받지 못한 까닭
조선 중엽까지는 아들 딸 구분 없이 재산을 고루 물려주었지만, 조선 후기에 인구가 늘고 농업기술이 발달하면서 바뀌었다. 농사지을 땅이 부족하니 자식들에게 고루 나눠 주면 모두 다 가난해질 거라 걱정하여 재산을 장남에게 몰아주기 시작한 것이다. 부계 혈통만 강조하고 맏아들을 중시한 성리학도 이런 현상에 부채질을 했다. 조선 후기 판소리 《흥부전》에서 놀부가 부모 재산을 독차지한 것도 이런 까닭이다.

군인들의 땅, 아랫대

동대문 근처에는 훈련원이라는 관청이 있었습니다. 군사들이 훈련하고 무술 시험을 보던 곳입니다. 처음에는 훈련관이라 했는데, 세조 임금 때 훈련원으로 고쳤지요. 훈련원 큰 마당에서는 무사들이 말을 타고 활을 쏘며 시험관의 눈에 들려고 애를 썼고, 군사들은 무리를 이루어 전투 연습을 했습니다. 이순신 장군이 무과 시험을 치른 곳도 이곳입니다.

군사들은 원래 농민이었습니다. 농사를 짓다가 열여섯 달에 한 번씩 서울에 와서 두 달 간 복무하고 다시 고향으로 돌아가는 게 원칙이었어요. 따로 급료도 없었고요. 그러나 임진왜란을 치르면서 조선 정부는 더 강한 군대가 필요하다는 사실을 깨달았습니다. 정부는 군대를 개혁하기로 했습니다. 일본군에게 빼앗은 총을 연구하여 총을 만들고 군사들에게 사격 훈련을 시켰어요.

군사훈련에만 열중할 수 있는 직업 군대도 만들었습니다. 훈련도감이라는 군대입니다. 이 훈련도감의 본부가 동대문 안쪽, 지금의 종로구 인의동에 있었습니다. 동대문디자인플라자 자리에는 하도감이라 하여 훈련도감의 부속 시설과 무기 공장이 있었고요. 훈련도감 말고도 여러 군부대가 이 일대에 있었습니다. 인조 때 설치된 어영청, 정조 때 설치된 장용영 등입니다.

군부대와 군사 훈련장이 동대문 주변에 있으니 군인들의 집도 그 주변에 모였습니다. 말을 타고 다니는 장교들이야 집이 조금 멀어도 상관없었지만, 걸어 다니는 말단 군인들은 군부대에 가까이 사는 것이 편했으니까요. 원래 동대문 주변은 개천 하류 쪽이라서 비가 오면 물난리가 자주 났지만, 영조 때 개천 바닥을 파낸 뒤로는 집들이 많이 들어섰습니다. 이 동네에는 개천 하류 쪽이라는 뜻의 '아랫대' 또는 '하촌'이라는 이름이 붙었습니다.

대장이 있는 곳을 표시하는 깃발, 수자기

동대문 일대에는 군영이 많다

훈련원은 무과 시험과 군사훈련을 주관하며 병서를 펴내고 전술을 연구하는 관청이다.

훈련도감은 임진왜란 때 생긴 부대로 왕의 호위와 도성 방위, 지방군 훈련 등을 맡았다. 서울 여러 곳에 부속 군영을 두었는데, 동별영은 훈련도감의 지휘 본부가 있던 곳이고, 남영은 훈련도감 분영이다. 하도감은 소속 군영의 하나며, 염초청은 총포에 쓸 화약을 만드는 곳이다.

임진왜란과 병자호란

선조 25년(1592년) 일본 군대가 조선을 침략했다. 조선은 정규군, 백성들이 조직한 의병, 명나라 지원군과 함께 7년 간 일본에 맞서 싸워 물리쳤다. 이 전쟁이 임진왜란이다.

인조 14년(1636년)에는 여진족이 세운 청나라가 침략해 왔다. 병자호란이다. 왕은 남한산성으로 옮겨 끝까지 싸우려 했으나 결국 항복했다.

훈련원

| 1400 | 1500 | 1600 | 1700 | 1800 | 1900 | 2000 |

1592 임진왜란 일어남 1593 선조 훈련도감 설치 1636 병자호란 일어남 1793 정조 장용영 설치

군인은 할 일이 많다
훈련이 없을 때는 궁궐과 도성을 지키고, 밤에는 도둑이나 화재를 감시하려 순라를 돈다. 개천 둑이나 성벽을 고치는 일, 산에 나무를 심거나 함부로 나무 베는 사람을 잡는 일도 군인들의 몫이다. 총 잘 쏘는 포수들은 지방관의 요청을 받아 호랑이를 잡으러 가기도 했다.

▲ 조선 후기 군대의 주력 무기는 총
훈련도감의 주력군은 총을 쏘는 포수다. 총은 15세기 말 유럽에서 처음 만들어 일본에 전해졌고, 조선군은 임진왜란 때부터 사용했다. 당시 총은 심지에 불을 붙여 쏜다 하여 화승총, 하늘을 나는 새도 맞춘다 하여 조총이라 불렀다. 전통 무기인 창과 활도 계속 쓰였다.

하도감과 염초청

아랫대 사람들
아랫대 군인들은 보통 방 두 칸에 부엌 한 칸, 툇마루로 된 세 칸짜리 초가집, 초가삼간에 살았다. 직업군인이지만 급료가 넉넉하지 않아서 가족들이 채소밭을 일구고 닭을 치거나 수공업에 종사하는 등 부지런히 일해야 먹고살 수 있었다.

▲ 신호는 깃발로 한다
전쟁터에서는 바람의 방향이 특히 중요하다. 깃발은 바람의 방향과 세기를 재는 도구다. 깃발을 흔들거나 눕히고 올려서 진격, 후퇴, 발사 등의 군사행동을 지시한다. 깃발에는 보통 왕이나 장수, 부대를 표시하는 글씨나 그림, 색깔을 넣는다.

배우개장

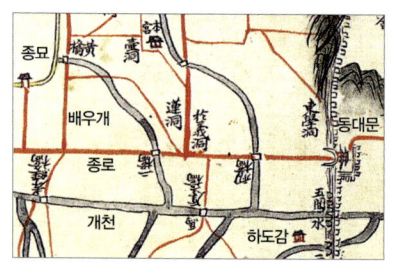

창경궁 앞에서 남쪽으로 내려와 종로와 만나는 길은 본래 배우개라는 고갯길이었습니다. 이 고개에 큰 배나무가 있어서 배고개(梨峴)라 했다가 배우개(배오개)로 바뀌었다는 말도 있고, 사람 잡아먹는 호랑이가 자주 나타나서 백 명이 모여야 겨우 지나갈 수 있어 백고개라고 했다가 배우개가 되었다는 말도 있습니다. 이 배우개에 전쟁이 끝나고 얼마 안 되어 큰 시장이 생겼습니다.

이 시장은 아랫대 군인들과 인연이 깊었습니다. 조선시대에는 군사비 명목으로 세금을 걷었어요. 그런데 영조 임금이 어른 남자 한 사람당 베 두 필이던 세금을 한 필로 줄였습니다. 부족한 액수는 군부대가 바다의 어장과 염전, 장삿배에서 세금을 거둬 보충하게 했고요. 이를 균역법이라고 합니다. 균역법이 시행된 뒤로 군부대가 상업에 관여하는 일이 많아졌습니다. 군부대는 세금을 거둘 뿐 아니라 군인들에게 장사를 시키기도 했어요. 장사에 익숙해진 군인들은 자기 집에서 농사지은 채소를 따로 내다 팔기도 하고 장사꾼들에게 물건을 사서 팔기도 했지요.

배우개장에는 온갖 물건이 다 있었지만 채소가 특히 유명했습니다. 원래 동대문 밖은 개천 하류라서 땅이 평탄하고 기름져 논밭이 많았어요. 전쟁으로 황폐해졌던 목장 터도 농부들이 일구어 논밭을 만들어 놓았고요. 농부들은 싱싱한 미나리와 무, 배추 따위를 배우개장에 내다 팔았습니다. 그래서 "동쪽 시장은 채소가 좋고, 남쪽 시장은 물고기가 좋다."는 말이 나왔습니다. 남쪽 시장은 한강에서 도성으로 들어오는 길목에 있던 남대문 밖 칠패 시장을 말합니다.

조선에서 나지 않던 새로운 채소와 작물도 배우개장에 등장했습니다. 조선이 일본, 청나라와 전쟁을 치를 때 들어온 것입니다. 멀리 아메리카 대륙에서 유럽을 거쳐 건너온 것도 있었어요. 식물은 스스로 움직이지 못하지만 사람보다 빨리 이동했습니다. 조선에 유럽 사람이 모습을 나타내기도 전에 감자, 고구마, 고추, 담배가 들어왔습니다. 김치에 고춧가루를 넣기 시작한 것은 이때부터입니다. 담배는 눈 깜짝할 사이에 백성들이 즐기는 기호품이 되었고요. 배우개장은 새로운 채소와 작물을 널리 퍼뜨리는 구실도 했습니다.

▶**채소가 좋기로 이름난 배우개장**
서울 인구가 늘면서 무, 배추, 파, 마늘, 미나리 따위의 반찬거리에 대한 수요도 늘었다. 채소는 쉽게 상하니 도성 가까이에서 들여와야 한다. 동대문 밖 왕십리와 살곶이벌에서 나는 미나리와 무, 훈련원 근처에서 나는 배추는 질이 좋기로 유명했다. 아래는 개화기 서울의 채소 시장 풍경이다.

조선시대의 돈과 어음
조선 초기에도 조선통보, 건원중보와 같은 화폐가 있었지만 거의 쓰이지 않았고 쌀·소금·옷감 같은 물건이 화폐처럼 쓰였다. 그러다 조선 후기에 상업이 발달하면서 숙종 때부터 금속화폐 상평통보가 널리 쓰이기 시작했다. '돈'은 본래 금속의 무게를 재는 단위였는데 금속화폐를 쓰면서 화폐와 같은 뜻이 되었다.
어음도 두루 쓰였다. 어음은 일정한 금액을 정한 날짜에 주기로 약속하는 증서다.

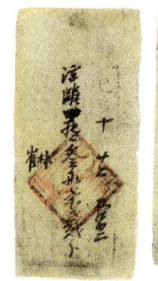 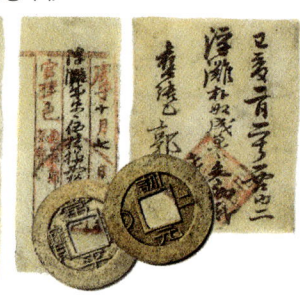

대동법과 상업의 발달
조선 백성은 고장 특산물을 나라에 바칠 의무가 있었다. 그러나 산삼이 많이 나던 고장에서 산삼이 나지 않거나 배가 좋던 고장에서 배 농사를 망칠 때도 있다. 그러다 보니 다른 고장의 물건을 사서 바치는 일도 생기고, 나쁜 관리들이 뇌물을 바라며 멀쩡한 물건에 트집을 잡는 일도 생겼다.
이 때문에 효종 때부터 특산물 대신에 쌀이나 옷감, 돈으로 걷는 법이 시행되었는데 이것이 대동법이다. 나라에서 필요한 지방 특산물은 돈·쌀·옷감을 상인에게 주어 사 오게 했다. 대동법을 실시하면서 상품 거래는 더욱 활발해졌다.

동대문 안 배우개장은 새벽마다 북적북적
배우개장은 새벽에만 열렸다. 새벽마다 동대문이 열리기가 무섭게 동대문 밖 농민들과 아랫대 군인들이 직접 기른 싱싱한 채소를 배우개로 가져와서 객주에게 넘겼다. 객주들은 그 물건을 행상에게 넘기고, 행상들은 온종일 서울 시내 곳곳을 돌며 물건을 팔았다.

▼왕십리 똥 장수
똥 장수들이 도성 안 집집마다 돌며 똥오줌을 퍼내 도성 밖으로 실어 나가면, 농민들이 사서 비료로 썼다. 그러다 보니 채소밭이 많은 왕십리는 '왕십리 똥밭'이라 불릴 지경이었다. 얼마 전까지도 '왕십리 똥파리'라는 말이 있었다.

1400 1500 1600 1700 1800 1900 2000
1678 상평통보 전국 유통
1708 숙종 대동법 전국 시행
1751 영조 균역법 시행

왕조는 무너지고 한양은 빛이 바래니

근대를 향해 나아가는 위태로운 발걸음

1800년대 후반, 프랑스와 미국, 일본 군함이 연이어 공격해 오자 결국 조선은 나라의 문을 열었다. 그러나 외국 문물을 받아들이는 속도와 방식을 두고 분쟁이 거듭 일어났다. 조선을 식민지로 삼으려는 힘센 나라들끼리 다툼도 심했다. 그러는 사이 고종은 나라 이름을 대한제국으로 바꾸고 근대화를 위해 힘을 쏟았다. 산업을 육성하고 교육을 진흥하며 신문물을 도입했다. 도로가 정비되고 전차와 기차 길이 놓였으며 서양식 건물들이 곳곳에 등장했다.

| 1400 | 1500 | 1600 | 1700 | 1800 | 1900 | 2000 |

1876 개항　**1884** 갑신정변　**1894** 갑오농민전쟁, 갑오개혁　**1897** 고종 대한제국 선포

가산이 생기고 백 년쯤 지난 뒤, 조선의 바다 곳곳에 외국 군함이 나타났습니다. 이들은 갖가지 핑계를 대며 조선을 공격했는데, 진짜 목적은 조선을 식민지로 삼으려는 것이었어요. 18세기 중엽 산업혁명을 거친 유럽 나라들은 자기 나라 공산품을 비싸게 팔고 식량과 공업 원료를 싸게 살 수 있는 곳이 필요했습니다. 그런 곳을 찾아 새 영토로 만들려고 했지요. 이렇게 주권을 잃고 남의 영토가 된 지역이 식민지입니다.

조선 군사들은 많은 희생을 내고서야 겨우 이들을 물리쳤습니다. 정부는 임진왜란 때 불탄 경복궁과 동대문을 새로 지었어요. 임금의 권위를 높이고 분위기를 바꾸기 위해서였지요. 사람들이 많이 다니는 곳에 외세에 맞서 끝까지 싸우자는 글을 적은 비석도 세웠고요. 하지만 나라의 힘을 키우려면 다른 나라의 새 문물을 받아들여야 한다고 생각하는 사람도 많았습니다.

1875년 일본 군함이 쳐들어오자, 조선 정부는 마침내 외국과 교류를 확대하기로 결정했습니다. 이듬해 조선 정부는 강화도에서 일본과 조약을 맺었습니다. 그 뒤로 일본, 중국, 서양 사람들이 서울에 들어오고 처음 보는 신기한 물건들도 들어오기 시작했어요. 서울에 온 외국 사람들은 새 집을 짓기도 했지요. 특히 서양 사람들은 자기 나라 문명을 과시하려고 공사관이나 교회를 웅장하고 아름답게 지었습니다. 벽돌과 유리창을 많이 쓴 서양식 건물들이 하나둘 모습을 드러냈어요. 조선 사람들은 차츰 서양식 건물이나 생활용품에 익숙해졌습니다. 머리를 짧게 자른 사람, 양복을 입은 사람들도 등장했습니다.

조선에 들어온 외국인 중에는 특히 일본인과 중국인이 많았습니다. 이들은 상점을 내고 장사를 했어요. 조선 정부는 외국과 조약을 잘못 맺은 탓에 이들에게 세금을 걷지 못했습니다. 세금을 내는 조선 상인들은 이들과 경쟁해서 이길 수가 없었지요. 외국 상인들은 조선 사람들의 집을 담보로 잡고 돈을 꾸어 주기도 했습니다. 점점 많은 집과 땅이 외국인 차지가 되었습니다.

신식 군인, 별기군과 대한제국 시위대

발전소와 광장시장

대한제국기의 전차

조선은 나라의 힘을 키우기 위해 개혁을 추진했습니다. 신분 차별을 없애고, 신식 군대를 만들고, 정치·경제·사회 각 분야의 낡은 제도를 정비했습니다. 고종 임금은 나라 이름도 대한제국으로 바꾸고, 서울을 서양 도시 못지않게 가꾸는 사업을 시작했습니다. 새 궁궐로 정한 경운궁(덕수궁) 안에 서양식 건물을 짓고 새 길도 여럿 만들었습니다. 서울에서 가장 큰 길이던 종로와 남대문로는 옛 너비로 회복되었고 종로 한복판 원각사 옛터에 공원도 만들었습니다.

종로가 넓어지자 그 길에 전차가 놓였습니다. 아시아에서 두 번째로 서울에 전차가 다니게 되었습니다. 전차는 서대문 옆에서 출발하여 동대문을 지나 청량리까지 갔다가 돌아왔어요. 동대문에서 청량리로 이어지는 전찻길 양편에는 백양나무를 심었습니다. 우리나라에 처음 생긴 가로수 길입니다.

전찻길이 생기면서 동대문 주변이 많이 변했습니다. 동대문 옹성 일부가 전차가 다닐 수 있도록 헐렸어요. 전기를 만드는 발전소와 전차 차고도 동대문 바로 옆에 들어섰습니다. 차고를 지으며 개천 북쪽에 있던 가산이 사라졌어요.

동대문 옆에 들어선 발전소와 전차 차고
1898년에 설립된 한성전기회사는 동대문 바로 옆에 화력 발전소를 세워 전기를 생산했다. 이 전기로 전차가 운행되고, 전등이 불을 밝혔으며, 전화가 사람들의 목소리를 전달했다. 또한 한성전기회사는 1903년부터 발전소 옆 전차 차고에서 영화를 상영했고 회전목마 시설도 운영했다.

◀여성 전용 병원 동대문부인병원
1887년 여의사 메타 하워드 등 미국 선교사들이 정동에 여성 전용 병원을 세웠다. 왕후가 이 병원에 '여성을 보호하고 구제하는 집'이라는 뜻으로 보구여관이라는 이름을 붙여 주었다.
보구여관은 1892년 동대문 옆에 분원을 냈다가, 1909년 동대문성곽공원 자리에 새 건물을 지어 정동에 있던 병원까지 옮겨 왔다. 그 뒤로 이 병원은 '동대문부인병원'이라고 불렸다.

▼전차, 최초의 대중교통 수단

대한제국기의 전차 표

서울 전차는 1899년 5월에 개통되었다. 처음에는 서대문에서 동대문까지 도성 안에서만 운행했지만, 곧 청량리, 마포, 용산 등지로 노선을 늘렸다. 전차는 사람들의 거리 감각을 바꾸었다. 또한 남녀, 노소, 신분을 가리지 않고 태웠기 때문에 세상이 달라졌음을 실감하게 했다. 서울 전차는 1968년에 철거되었다. 아래 그림은 1960년대 전차 차고의 모습이다.

발전소에서 만든 전기는 쓸모가 많았습니다. 궁궐과 부잣집에는 전등이 달리고, 거리에는 가로등이 불을 밝히고, 전화도 생겼습니다. 밤이면 동대문 전차 차고에서 커다란 옷감으로 스크린을 만들어 영화도 상영했습니다. 영화를 상영하는 날이면 전차 차고는 몰려든 사람들로 발 디딜 틈조차 없었지요.

배우개에는 새 시장이 문을 열었습니다. 처음에는 광교에서 장교까지 개천을 덮어 그 위에 시장을 만들려고 했습니다. 광교에서 장교까지라는 뜻에서 이름도 '광장시장'이라고 지었고요. 그런데 개천 위에 판자로 뚜껑을 덮는 공사를 시작한 뒤에 갑자기 큰비가 내려 판자가 다 떠내려갔습니다. 그래서 이름은 그대로 두고 장소만 옮겨 배우개에 새 점포와 창고 건물을 세웠어요. 이렇게 해서 배우개장터는 광장시장이 되었습니다. 광장시장은 동대문 옆에 있다고 하여 동대문시장이라고도 했습니다. 그러나 지금은 다른 건물이 동대문시장이 되었고, 광장시장은 옛 이름을 그대로 지키고 있습니다.

광장시장에 새롭게 등장한 상품들

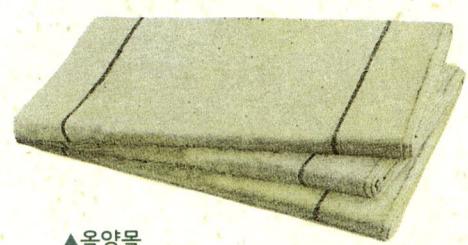

▲**옥양목**
'옥 같이 흰 서양 옷감'이라는 뜻으로 유럽 공장에서 생산된 면직물이다. 올이 가늘고 희어 고급 옷감으로 대접받았다. 옥양목보다 거칠지만 값싸고 질긴 일본산 면직물도 많이 팔렸다.

▶**성냥**
서양 회사들이 가장 먼저 들어온 물건 중 하나다. 스스로 불을 일으키는 유황이라 하여 '자기황'이라고도 불렸다.

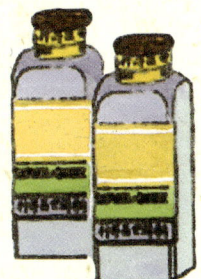

금계랍
금계랍은 프랑스에서 개발된 말라리아(학질) 치료제 '키니네'를 한자로 표기한 것이다. 우리나라에서는 한동안 말라리아뿐 아니라 열이 나는 모든 병에 특효약처럼 쓰였다.

▼▶**석유와 호롱**
1880년경에 들어온 석유는 서양 기름이라고 불렸다. 석유가 들어오면서 조선 가정의 등잔은 순식간에 호롱과 유리등으로 바뀌었다.

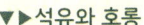

▶**광장시장, 문을 열다**
1905년 광장시장이 문을 열었다. 새벽 시장이던 배우개장과는 달리 점포와 창고, 담장을 갖추고 낮 시간 내내 장사하는 상설 시장이다. 광장시장에서는 배우개장에서 거래되던 곡물·채소·과일·건어물·옷감뿐 아니라 일본이나 서양에서 수입된 신기한 물건들도 살 수 있었다.
처음에 광장시장이 자리 잡은 곳은 종로구 인의동 경찰공제회관 터였지만, 곧이어 길 건너편으로 옮겼다가, 일본군이 그 터를 빼앗자 지금의 위치로 옮겨왔다.

▶**비누**
비누는 더러운 것을 날려 보낸다는 뜻의 '비루'가 변한 말이다. 돌처럼 단단한 잿물이라는 뜻에서 '석감'이라고도 했다. 향료를 섞은 세숫비누는 값이 비싸 부유층만 썼다.

▲**박가분**
1920년대에 등장한 국산 화장품이다. 서양 분보다 값이 싸고 피부에 잘 스며들어 인기를 끌었지만 납 중독을 일으킨다는 게 알려져 1930년대에 사라졌다.

▲**가루 치약과 칫솔**
돼지털로 만든 칫솔과 '치마분'이라 불리던 가루 치약도 수입되었다. 이로써 손가락에 소금을 찍어 이를 닦던 양치 습관이 바뀌었다.

▶**난로와 석탄**
석탄은 나무보다 연기가 적고 숯보다 값싸고 화력이 세며 오래 가서 실내 화로용 연료로 많이 팔렸다. 석탄을 쓰면서 난로도 수입되었다.

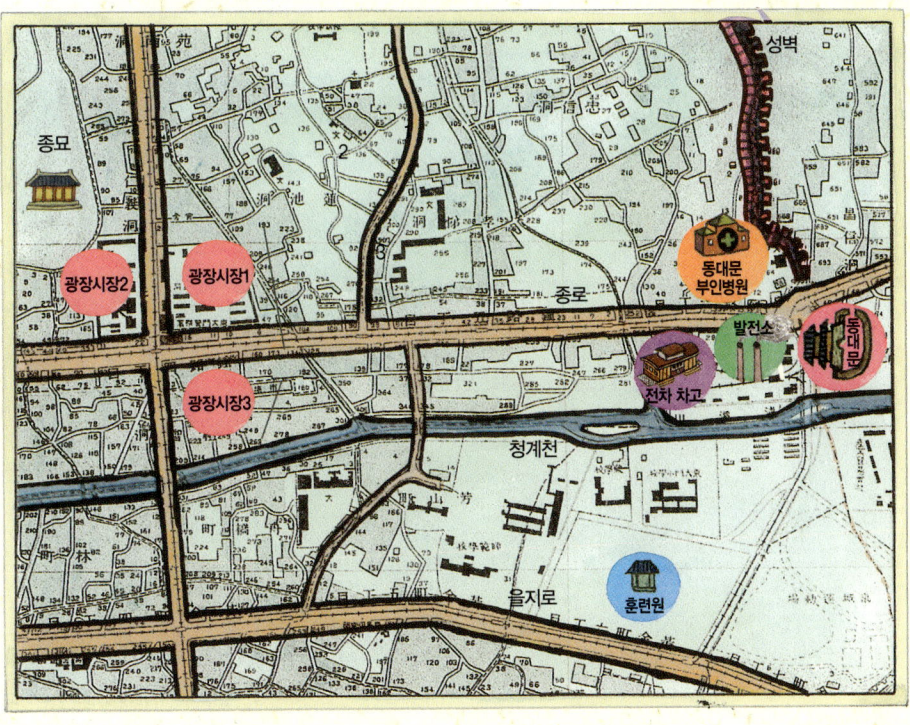

성곽은 허물어지고

동대문 옆에 발전소가 생긴 지 얼마 되지 않아 일본이 우리나라 주권을 빼앗았습니다. 일본은 고종 황제를 쫓아내고 군대도 해산했습니다. 군대가 없어진다는 사실을 안 군인들 중에는 의병이 되어 일본군에 맞서 싸운 사람도 많았어요. 얼마 뒤 일본은 교통에 방해된다는 핑계로 성벽을 부수었습니다. 동대문 옆 오간수문도 사라졌습니다. 성문도 동대문과 남대문만 빼고 모두 철거하거나 허물어지도록 놓아두었어요. 성문의 기와와 목재를 팔아 치우기도 했지요.

군대가 없어지자 사람들은 훈련원 큰 마당을 운동장으로 쓰기 시작했습니다. 봄이나 가을, 날씨가 좋은 날이면 학생들이나 공장 직공들이 몰려와 운동회를 했습니다. 개천가도 많이 변했습니다. 일본인들은 개천 남쪽에 모여 살았는데, 자기들 동네의 교통을 편하게 하려고 개천 남쪽에 종로와 나란히 난 길을 넓혔습니다.

◀ **왕성의 권위를 무너뜨리다**
처음에 전차는 남대문과 동대문, 서대문을 지나다녔다. 그러나 일본인들은 교통이 불편하다는 핑계로 성곽을 파괴하여 왕성의 권위를 없애려 했다. 1907년 성벽처리위원회가 생겨 철거 계획을 세우고, 이 계획에 따라 성문 부근과 평지의 성벽이 모두 철거되었다. 성벽을 쌓았던 돌은 관청이나 일본인 주택의 건축 자재로 쓰였다.

▼ **고종의 장례식과 삼일운동**
1919년, 대한제국 황제였던 고종이 죽었다. 고종의 장례는 한국식과 일본식을 섞은 기묘한 방식으로 치러졌다. 고종의 장례식을 계기로 전국에서 삼일운동이 일어났다. 삼일운동은 한국인들이 있는 곳이라면 세계 어디에서나 일어났으며 이를 계기로 대한민국 임시정부가 세워졌다. 황제가 주인인 '제국'이 아니라 '민국', 백성이 주인인 나라가 등장한 것이다.

중국 상하이에서 대한민국 임시정부가 사용하던 태극기

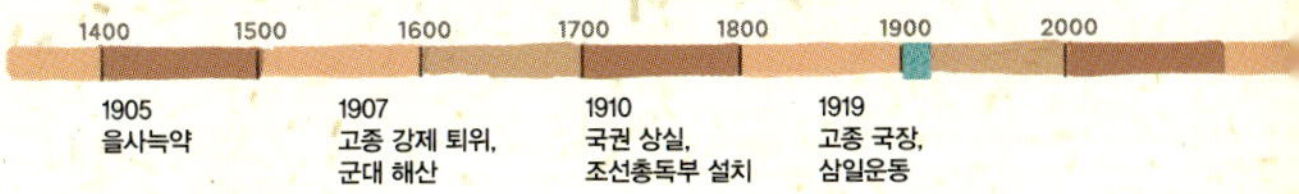

| 1400 | 1500 | 1600 | 1700 | 1800 | 1900 | 2000 |

1905 을사늑약
1907 고종 강제 퇴위, 군대 해산
1910 국권 상실, 조선총독부 설치
1919 고종 국장, 삼일운동

이 길은 동쪽으로 길게 뻗어 동대문 옆까지 이어졌지요. 지금의 을지로입니다. 개천 남쪽의 가산도 없어졌습니다. 개천 남쪽 길가에 학교를 지으면서, 또 종로 길을 다지는 공사를 하면서 가산의 흙을 가져다 썼거든요.

1919년, 고종이 죽었습니다. 일본인들이 독살했다는 소문이 돌았어요. 백성들은 무척 슬퍼했지요. 그해 3월 1일, 사람들은 거리로 뛰쳐나와 독립 만세를 불렀습니다. 3월 3일에는 장례식이 열렸습니다. 고종의 상여는 예전처럼 종로 상인들이 맸지만, 행렬의 앞에는 말 탄 일본 군인들이 섰습니다. 이날만은 사람들도 만세 운동을 멈추고 임금의 마지막 가는 길을 지켜보았습니다. 훈련원 터에서 장례식을 치른 뒤, 고종은 청량리를 지나 홍유릉에 묻혔습니다.

그로부터 칠 년 뒤, 이번에는 대한제국의 마지막 황제 순종이 죽었습니다. 이번에도 서울 시민과 학생들은 상여가 이동하는 길 가에서 슬픈 마음으로 대한제국 마지막 황제의 마지막 가는 길을 지켜보았습니다. 소리 높여 독립 만세를 외치는 사람도 있었지요. 순종의 장례식도 훈련원 터에서 열렸습니다.

해고당한 군인들, 의병이 되다
1905년 일본은 을사늑약으로 조선의 외교권을 빼앗고, 1907년에는 고종을 강제로 퇴위시키고 군대를 해산했다. 많은 군인들이 이에 저항하여 싸우다 목숨을 잃었고, 살아남은 군인들은 의병 부대를 만들거나 지방의 의병 부대에 합류했다.

토막과 문화주택

빈부 격차를 풍자한 1930년대 신문 만평

나라가 망하자 관리도 군인도 모두 실업자가 되었습니다. 아랫대에는 군인이 많았으니 직업을 잃은 사람도 많았습니다. 번듯한 새 직업을 찾은 사람도 있기는 했지만 대부분은 그렇지 못했어요. 좋은 직업은 대개 일본인들이 차지했으니까요. 어떤 사람들은 일본 순사의 조수나 야경꾼이 되었습니다. 어떤 사람들은 지게꾼이나 인력거꾼이 되었고요. 모두 일은 고되고 수입은 적은 일들이었지요.

서울 사람도 변변한 직업을 구하지 못하니 시골에서 올라온 사람은 더했습니다. 그래도 서울로 오는 사람은 갈수록 늘었어요. 시골에서 살기가 더 힘들어진 탓입니다. 남자들은 거리에 나가 닥치는 대로 아무 일이나 했고, 여자들은 남의 집 허드렛일을 하거나 삯바느질을 했습니다. 아이들도 동대문 밖 신설동에 새로 생긴 고무 공장이나 상점에서 온종일 일해야 했지요.

가난한 사람들이 늘면서 훈련원 옆 빈터에 허름한 집들이 빼곡 들어찼습니다. 개천가나 낙산 기슭에도 흙과 나무토막, 가마니로 얼기설기 만든 집들이 들어섰습니다. 이런 집을 '토막'이라고 불렀는데 신석기 시대 움집하고 별로 다르지 않았어요. 토막에 사는 사람들은 더러운 개천 물로 빨래하고 설거지를 해야 했기 때문에 전염병에 자주 걸렸습니다. 나무나 거적 따위로 지은 집이라 불도 자주 났어요. 일본 경찰이 토막을 헐고 사람들을 쫓아내는 일도 잦았습니다. 토막에 사는 이들에게 죽음은 아주 가까이에 있었습니다.

동대문 주변에는 나라 땅이 많았습니다. 일본은 이 땅을 동양척식회사라는 곳에 내주고, 동양척식회사는 그 땅을 다시 일본인들에게 팔아넘겼어요. 그 땅에 일본 건축 회사가 서양식과 일본식을 섞은 집을 지었습니다. 이런 집을 '문화주택'이라고 했는데 주로 일본 사람들이 살았지요. 개천가와 낙산 자락에는 조선 사람이 사는 토막이, 동대문 남쪽 신당동에는 일본 사람이 사는 문화주택이 마주 보고 섰습니다. 그 모양을 보면서 조선 사람은 더럽고, 일본 사람은 깨끗하다고 생각하는 사람도 있었습니다.

신당동 토막촌 화재 소식이 실린 1930년대 신문 기사

▶ **제 모습을 잃은 낙산**
1900년 무렵부터 서울에 서양식 건물이 늘어나면서 석재 사용도 늘었다. 동대문 밖 낙산에 채석장이 생기면서 그로부터 수십 년 동안 낙산 채석장은 서울 시내에 건축용 석재를 공급했다. 이로 인해 낙산의 모습도 크게 바뀌었다.

▲ **열다섯 살 옥이는 제사 공장 직공이 되고**
동대문 밖 신설동 일대에 방직 공장, 제사 공장, 고무 공장 등이 들어섰다. 아직 나이 어린 소녀들이 학교 대신 공장으로 갔다. 제사 공장은 누에고치에서 실을 뽑는 공장이다. 뜨거운 물에 손을 넣고 누에고치에서 실을 풀다 보면 살갗이 벗겨지고 온 몸은 땀범벅이었다. 이들은 온종일 고된 노동과 욕설, 체벌에 시달렸다.

동양척식회사
한국을 강점하기 직전인 1908년, 일본은 한국 농촌을 개발한다는 구실로 동양척식주식회사를 세웠다. 이 회사는 국공유지를 헐값에 넘겨받아 일본인들에게 넘겼고, 한국인들의 땅도 헐값에 사들였다.
동대문 밖은 옛날 목장이 있던 곳이라 국유지와 왕실 소유의 땅이 많았는데 이 땅들도 대부분 동양척식회사로 넘어갔다. 동양척식회사는 그중 일부를 택지로 개발하여 일본인들에게 팔아넘기고 엄청난 이득을 챙겼다.

◀ **토막 주민들의 위태로운 삶**
나라가 망한 뒤에도 살길을 찾아 서울로 몰려드는 사람들 때문에 동대문 주변 인구는 계속 늘었다. 1927년 즈음, 동대문 밖 신당동은 토막들이 다닥다닥 들어찬 거대한 토막촌이었다.
토막은 큰비가 오면 다 떠내려가고, 불이 나면 삽시간에 번졌다. 토막촌 사람들을 강제로 내쫓고 문화주택 단지로 개발하기도 했는데, 1930년대 신당동이 바로 그런 사례다.

| 1400 | 1500 | 1600 | 1700 | 1800 | 1900 | 2000 |

1914
한성부가 경성부로
축소, 동대문 밖은
경기도 고양군 편입

1926
신당리에 경성고무
공장 들어섬

1936
아랫대 지역 일부
경성부 편입

▶ 토막 사람들

토막 주민들은 온 가족이 온종일 힘들게 일해도 추위와 배고픔에서 헤어나기 힘들었다. 남자는 주로 지게꾼이나 인력거꾼, 날품팔이, 여자는 남의 집 침모나 음식점 종업원이 많았다. 아이들도 가게 잔심부름꾼이 되거나 목판에 엿이나 캐러멜 따위를 담아 팔러 다녔다.
순사, 공장 직공, 전차 차장과 같이 고정된 직장이 있으면서도 도박 등으로 재산을 탕진했거나 가족의 빚을 갚아야 해서 토막에 사는 사람도 많았다.

현관과 욕실, 부엌을 갖춘 문화주택의 평면도

◀ 문화주택 사람들

문화주택은 조선총독부의 고위 관리, 부유한 사업가와 지주, 대기업의 고위 임직원 등 부자들이 사는 집이었다. 보통 사람들은 그저 신문이나 잡지에서 구경하거나, 문화주택에서 일하는 정원사나 침모를 통해서 그런 별천지도 있다는 것을 들어 알 뿐이었다.
토막 사람들이 굶주림과 질병에 시달리는 동안, 문화주택 사람들은 전기와 수도 시설을 갖춘 집에서 고기를 굽고 피아노를 치며 호사스런 삶을 누렸다.

경성운동장

전조선수영경기대회 메달

순종 황제가 죽기 얼마 전, 동대문 성벽 자리에 현대식 운동장 건물이 들어섰습니다. 일본 태자의 결혼을 기념하여 세운 것입니다. 서울의 이름이 경성으로 바뀐 뒤였기 때문에 이름은 경성운동장이 되었습니다.

먼 옛날부터 우리나라에는 여러 가지 운동경기가 있었습니다. 활쏘기나 씨름, 택견, 돌싸움, 격구는 전쟁에 대비하는 뜻이 있었고, 줄다리기나 차전놀이는 마을 사람들끼리 마음과 힘을 모으는 뜻이 있었지요. 하지만 몸을 단련하여 건강을 지킨다는 생각은 하지 않았습니다. 그래서 조선에 처음 서양 스포츠가 들어왔을 때, 어떤 벼슬아치가 외국 공사관에서 테니스 대회를 구경하다가 이렇게 말했답니다. "쯧쯧, 저렇게 힘든 일은 아랫것들에게나 시킬 일이지." 그러나 조선 사람들도 곧 운동을 해야 몸이 건강해지고 정신도 굳세어진다는 사실을 깨달았습니다. 학교에서는 체육 시간을 만들어 운동을 가르쳤어요. 학교나 공장에서 운동회를 열기도 했고요. 나라가 망한 뒤에는 몸이 튼튼해야 나라를 되찾을 수 있다는 생각도 널리 퍼졌습니다. 물론 그런 걸 생각하지 않더라도 운동은 즐거웠지요.

그런데 현대식 운동장은 응원하는 사람과 경기하는 사람을 갈라놓았습니다. 경기하는 사람은 운동장에, 응원하는 사람은 관중석에 따로 자리가 마련되었어요. 경기장에서 뛰는 사람은 '여럿 중에서 뽑힌 사람'이라는 뜻에서 '선수'라고 불렸습니다. 좋아하는 선수나 팀을 응원하려면 돈을 내고 운동장에 들어가야 했고요. 선수들은 열심히 뛰고 달리고, 공을 차고 쳤습니다. 관중석에 앉은 사람들은 소리를 지르며 선수들을 응원했지요. 시끄러운 틈을 타서 "일본 놈은 물러가라." 하고 외치기도 했어요. 남들의 눈길을 끌려고 곱게 치장하고 운동장에 가는 젊은 여성들도 생겼습니다. 남녀가 앉는 자리를 나누지 않았기 때문에 경성운동장은 데이트 장소가 되기도 했어요.

일본이 아시아 침략 전쟁을 일으킨 뒤에는 경성운동장에서 일본 왕에게 충성을 바치자는 결의 대회나 일본군 사망자의 명복을 비는 추모 대회가 열리기도 했습니다. 그런 모임을 불평하는 사람이 훨씬 더 많았지만, 모두가 한마음이 되었다고 착각하는 사람도 있었습니다.

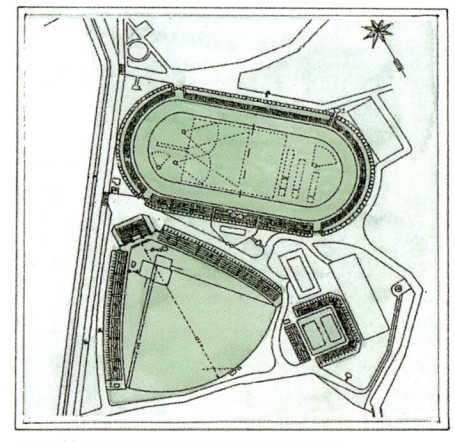

▲▶하도감 터에 들어선 경성운동장
경성운동장은 육상경기장, 축구장, 야구장, 정구장, 수영장을 한데 모아 놓은 종합 운동장이다. 개화기에 서양 선교사들이 소개한 근대 스포츠는 신식 학교를 통해 널리 보급되었고, 1925년에 경성운동장이 문을 열면서 스포츠 관람 또한 중요한 여가 생활로 자리를 잡았다.
위는 경성운동장 평면도.

독립운동가 여운형, 스포츠 잡지 모델이 되다

독립운동가 여운형은 여러 운동경기를 주최하고 또 후원했다. 여운형은 "쓰러져도 다시 일어나는 것"이 스포츠 정신의 핵심이라고 했는데, 이 말에는 비록 나라를 빼앗겼으나 되찾겠다는 의지를 버리지 말라는 뜻이 담겨 있다. 여운형은 일제강점기에 조선체육회장을 지냈고, 해방 후에는 IOC 위원, 대한축구협회 회장을 지냈다.

▼경성운동장이 낳은 스포츠 스타
경성운동장에서는 오늘날의 전국체육대회에 해당하는 전조선종합경기대회, 최초의 여성 경기인 전조선여자정구대회 등 전국 규모의 대회가 자주 열렸다. 한반도를 대표하는 두 도시, 서울과 평양의 축구단이 맞붙는 경평축구의 인기도 높았다. 경평축구가 열리는 날이면 2만 석의 좌석이 매진되고 시내 상점들도 문을 닫았다고 한다. 특설 링에서는 권투 경기도 열렸다. 세계 랭킹 6위에 오른 권투 선수 서정권은 일제강점기 민족 영웅이었다. 야구 선수 이영민은 1928년 경성운동장에서 우리나라 최초로 홈런을 쳤다.

우리나라 최초의 야구단인 YMCA야구단

| 1400 | 1500 | 1600 | 1700 | 1800 | 1900 | 2000 |

1925 경성운동장 개장

1926 순종 국장, 경성운동장 완공

1929 제10회 전조선종합경기대회 개최

 # 서울은 대한민국의 수도가 되지만

한국전쟁 일어나다
1950년 6월 25일, 북한군이 38도선 전역에서 공격을 개시함으로써 한국전쟁이 시작되었다. 전쟁터는 한반도였으나 전쟁은 남북한뿐 아니라 미국을 비롯한 16개 국가 군대로 구성된 국제연합군과 중국군이 참전한 국제전이었다. 밀고 밀리는 치열한 전투 끝에 1953년 7월 휴전을 하였고, 그 상태로 오늘날에 이르렀다.

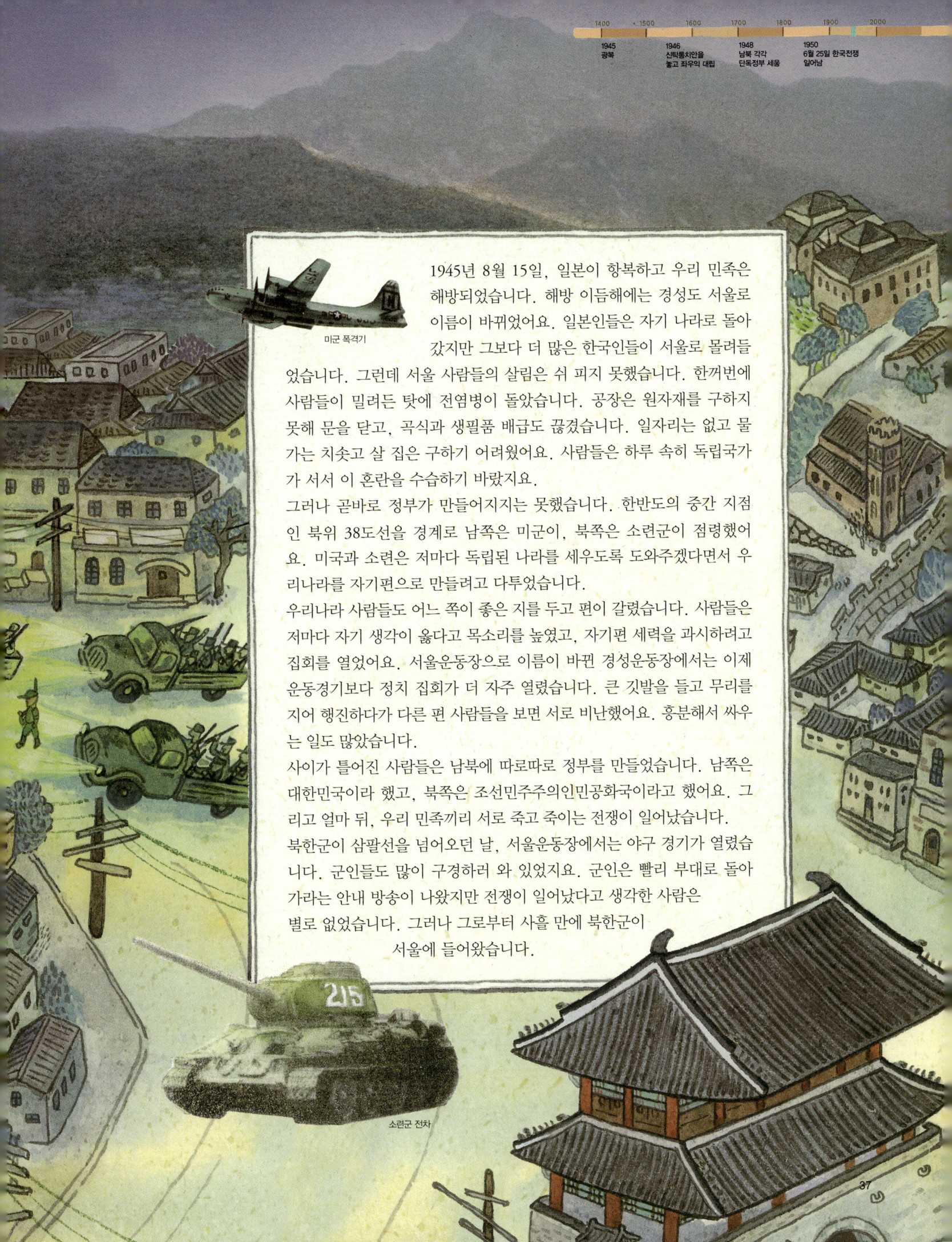

| 1400 | 1500 | 1600 | 1700 | 1800 | 1900 | 2000 |

1945 광복
1946 신탁통치안을 놓고 좌우의 대립
1948 남북 각각 단독정부 세움
1950 6월 25일 한국전쟁 일어남

미군 폭격기

1945년 8월 15일, 일본이 항복하고 우리 민족은 해방되었습니다. 해방 이듬해에는 경성도 서울로 이름이 바뀌었어요. 일본인들은 자기 나라로 돌아갔지만 그보다 더 많은 한국인들이 서울로 몰려들었습니다. 그런데 서울 사람들의 살림은 쉬 피지 못했습니다. 한꺼번에 사람들이 밀려든 탓에 전염병이 돌았습니다. 공장은 원자재를 구하지 못해 문을 닫고, 곡식과 생필품 배급도 끊겼습니다. 일자리는 없고 물가는 치솟고 살 집은 구하기 어려웠어요. 사람들은 하루 속히 독립국가가 서서 이 혼란을 수습하기 바랐지요.

그러나 곧바로 정부가 만들어지지는 못했습니다. 한반도의 중간 지점인 북위 38도선을 경계로 남쪽은 미군이, 북쪽은 소련군이 점령했어요. 미국과 소련은 저마다 독립된 나라를 세우도록 도와주겠다면서 우리나라를 자기편으로 만들려고 다투었습니다.

우리나라 사람들도 어느 쪽이 좋은 지를 두고 편이 갈렸습니다. 사람들은 저마다 자기 생각이 옳다고 목소리를 높였고, 자기편 세력을 과시하려고 집회를 열었어요. 서울운동장으로 이름이 바뀐 경성운동장에서는 이제 운동경기보다 정치 집회가 더 자주 열렸습니다. 큰 깃발을 들고 무리를 지어 행진하다가 다른 편 사람들을 보면 서로 비난했어요. 흥분해서 싸우는 일도 많았습니다.

사이가 틀어진 사람들은 남북에 따로따로 정부를 만들었습니다. 남쪽은 대한민국이라 했고, 북쪽은 조선민주주의인민공화국이라고 했어요. 그리고 얼마 뒤, 우리 민족끼리 서로 죽고 죽이는 전쟁이 일어났습니다. 북한군이 삼팔선을 넘어오던 날, 서울운동장에서는 야구 경기가 열렸습니다. 군인들도 많이 구경하러 와 있었지요. 군인은 빨리 부대로 돌아가라는 안내 방송이 나왔지만 전쟁이 일어났다고 생각한 사람은 별로 없었습니다. 그러나 그로부터 사흘 만에 북한군이 서울에 들어왔습니다.

소련군 전차

전쟁 뒤에 남은 것

북한군이 서울을 점령한 지 얼마 되지 않아 미군 비행기가 서울에 폭탄을 쏟아 붓기 시작했습니다. 수많은 건물이 폭탄에 맞아 무너지고 수많은 사람이 죽고 다쳤습니다. 북한군이 서울에서 쫓겨 가고 국군과 미군이 서울에 들어왔지만, 얼마 뒤에는 다시 중국군과 북한군이 서울에 들어왔어요. 양쪽 군대가 왔다 갔다 하는 사이에 건물들은 계속 파괴되었고 사람들의 희생도 계속되었습니다. 북한군이 두 번째로 서울에 들어왔을 때는 서울 사람 대부분이 남쪽으로 피란을 떠났습니다. 서울은 텅 비다시피 했고 개천 물은 수백 년 만에 다시 맑아졌습니다.

전쟁이 끝났을 때, 서울에는 남아 있는 것이 많지 않았습니다. 서울에 있던 공장들, 상점들이 대부분 불타거나 무너진 탓에 당장 생활필수품조차 구하기 어려웠어요. 사람들은 미국 구호단체와 미국 정부에서 보내 준 밀가루와 담요, 분유, 헌 옷 따위 원조 물자로 하루하루를 근근이 버텨야 했지요.

전부터 서울에서 살던 사람들은 그래도 형편이 나았습니다. 직장이 하나둘 문을 열었고, 친척들의 도움이라도

조선민주주의인민공화국
초대 수상 김일성

대한민국
초대 대통령 이승만

남한과 북한이 서로 비방하며 뿌린 선전물

◀ **두 동강 난 한반도**
해방된 뒤 어떤 나라를 만들 것인지를 두고 여러 의견이 나와 서로 대립했다. 대다수 사람들은 서로 양보하여 어떻게든 통일된 나라를 만들자고 했으나, 정치 지도자들은 뜻을 모으지 못했다. 한반도를 분할 점령한 미국과 소련도 통일 정부를 세울 방안을 마련하지 못했다. 결국 1948년 남북한 단독정부 수립에 이어, 1950년 한국전쟁이 일어나면서 한국은 분단국가가 되고 말았다.

▼ **폐허가 된 서울**
한국전쟁 중에 서울은 공중 폭격과 시가전으로 수많은 건물이 무너지고 불탔다. 전쟁 전 서울에는 191,000여 동의 주택이 있었는데 그 중 29%에 해당하는 55,092동이 잿더미가 되었다. 학교, 병원, 관공서, 공장도 삼분의 일 가량이 파괴되었다.

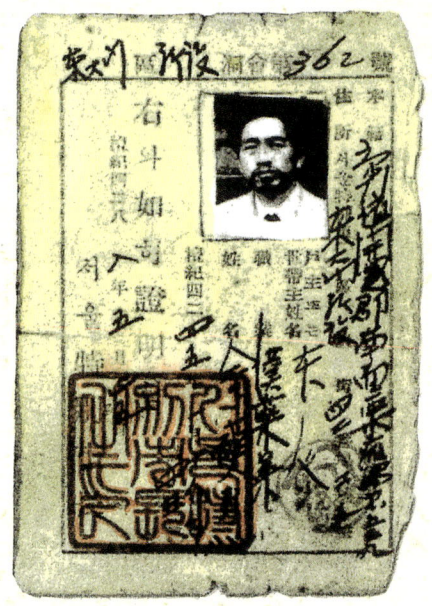

▲ **실향민, 고향을 잃은 사람들**
1955년에 서울시가 동대문구 신설동의 김석렬에게 발급한 시민증이다. 본적은 삼팔선 이북인 황해도 개풍군이다. 이제 그에게 고향은 아무리 그리워도 갈 수 없는 곳이다.
삼팔선 이남이 고향이라도 전쟁으로 이리저리 흩어져 서로 소식이 끊긴 이산가족도 많다. 21세기에 이른 지금까지도 이산가족 찾기는 계속되고 있다.

▼ **전쟁은 수많은 미망인과 고아를 낳았다**
모자원은 남편을 잃은 여인들과 그 자녀들을 함께 수용하는 시설이다. 1953년 정부가 국립중앙전쟁미망인수용소(이듬해 국립서울모자원으로 바뀜)를 세운 이래로 전국 곳곳에 국립 또는 사설 모자원이 세워졌다. 부모도 일가친척도 없는 아이들은 고아원으로 갔다. 대부분의 고아원은 외국 원조로 운영되었고 많은 전쟁 고아들이 해외로 입양되면서 한국은 오랫동안 고아 수출국이라는 멍에를 져야 했다.

조금씩 받을 수 있었으니까요. 그러나 북한에서 피란 왔다가 서울에 눌러앉은 사람들, 친척이 북한 편이라는 이유로 고향에서 따돌림 당하다가 서울로 피해 온 사람들은 형편이 무척 어려웠습니다. 월남한 사람들은 집도 가족도 친지도 모두 잃었으니 삼팔선을 넘어와서 끈 떨어진 연 신세가 되었다고 '삼팔따라지'라는 별명으로 불렸습니다.

이들은 대부분 집도, 집 지을 땅도 구하지 못했어요. 그저 빈 땅이 보이면 정부의 허가도 받지 않고 나무판자나 가마니, 종이 상자 따위를 눈에 띄는 대로 주워다가 판잣집을 지었습니다. 물론 이런 판잣집에는 화장실도 없었습니다. 동대문 밖 개천 물길을 따라, 낙산 언덕을 따라 판잣집들이 다닥다닥 늘어섰습니다. 판잣집은 매우 위험했어요. 나무와 종이를 많이 썼으니 불이 나기 쉬웠고 연탄가스 중독 사고도 자주 일어났지요. 판잣집 때문에 많은 사람들이 생명을 잃었습니다.

전쟁이 남긴 상처
한국전쟁으로 남북한 양쪽에서 150만 명 이상이 죽고 350만 명 이상이 다쳤다. 미군, 국제연합군, 중국군도 많이 죽고 다쳤다.
30만 명이 넘는 여인들이 남편을 잃었고, 남북한 합쳐 10만여 명에 달하는 아이들이 고아가 되었다. 부상을 입어 장애인이 된 군인도 10만 명이 훨씬 넘었다. 전쟁의 포성은 멎었으나 사람들의 고통은 계속되었다.

평화시장이 생기다

먹을 것, 입을 것, 쉴 곳 모두 부족했지만 서울 사람들은 억척같이 일했습니다. 전쟁으로 팔다리를 잃은 사람도, 남편을 잃고 홀로 자식을 키워야 하는 어머니도, 부모를 잃은 아이도, 북한에서 맨몸으로 내려온 사람도, 살기 위해 무슨 일이든 했습니다. 미군 부대에서 흘러나온 물건을 구해 팔기도 하고 쓰레기 더미를 뒤져서 쓸 만한 것을 골라 손질해 팔기도 했어요. 어른들은 군복을 염색해 팔거나 지게 짐을 지고 아이들은 구두를 닦고 껌을 팔았습니다.

당장 먹고살 게 필요한 사람들이 무엇이든 들고 모이면 시장이 생겼습니다. 정부의 허가를 받지 않은 시장들이 새벽에 열렸다가 날이 밝으면 사라지고, 초저녁에 열렸다가 단속반이 출동하면 사라졌어요. 생겼다가 없어졌다가 하는 게 꼭 도깨비 같다고 이런 시장들을 도깨비시장이라고 불렀습니다.

동대문 옆 광장시장은 전쟁 통에 잿더미가 되었지만 사람들은 그 터에서 계속 장사를 했습니다. 처음에는 다른 시장들처럼 미국에서 보내 준 구호물자와 미군 부대에서 흘러나온 군용물자를 두루 사고팔았지만 점차 포목과 옷 중심으로 바뀌었습니다. 시장이 다시 활기를 띄자 광장시장에 새 건물이 섰습니다.

군복으로 겉감을 댄 저고리

미군 군복

담요로 만든 옷, 낙하산으로 만든 옷
옷도 옷감도 없으니 쓸 만한 게 있으면 뭐든 가져다 옷을 만들었다. 밀가루 포대로도 군용 배낭으로도 옷을 지었다. 두툼한 미군 담요로는 겨울 외투나 바지를 만들고, 질기고 가벼운 나일론 낙하산으로는 속옷이나 블라우스를 만들었다. 미군 군복은 한국군의 군복으로도, 민간인의 옷으로도 오랫동안 쓰였다. 군복을 민간인이 입으면 안 되니 검은색으로 염색하여 팔았다. 개천가에는 군복을 염색하는 공장들이 많았다.

▶ 원조 물자에 의지하여 살다
전쟁으로 수많은 생산 시설이 파괴되어 필요한 물자를 생산할 수 없으니 미국 정부나 구호단체에서 보내 준 구호품에 목을 맬 수밖에 없었다. 원조 밀가루로 수제비를 끓여 허기를 메우고, 밀가루 포대나 담요로는 옷을 만들어 걸치고, 포장 상자는 뜯어 판잣집을 지었다. 깡통은 두레박이 되고, 석유를 담던 드럼통은 군복을 염색하는 커다란 솥이 되었다.

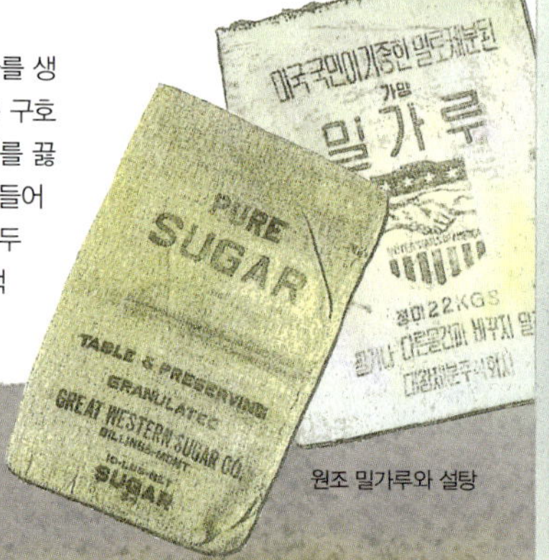

원조 밀가루와 설탕

미제 물건을 파는 도깨비시장
미군 부대에서 흘러나온 껌·과자·초콜릿·햄·베이컨·치즈·가루 주스·통조림 따위 식품이나 비누·수건·담배 따위 일용품, 군복 등은 시장에서 인기리에 팔렸다. 인스턴트커피가 인기를 끈 것도 이때부터다. 이른바 '미제'는 좋은 물건을 뜻하는 말이 되었다.

미제 담배

미군 전투식량

	1400	1500	1600	1700	1800	1900	2000

1960 4.19 혁명으로 이승만 하야
1961 5.16 군사 쿠데타로 박정희 집권
1962 평화시장 준공
1970 동대문종합시장 준공

상인들은 돈을 조금 모으면 재봉틀을 샀습니다. 옷감을 구할 수 없으니 미군 군복이나 구호물자로 들어온 옷을 수선해서 팔았어요. 담요를 뜯어 외투나 바지를 만들기도 하고, 낙하산 천으로 블라우스를 만들기도 했지요. 물건 값이 싸고 바느질이 꼼꼼하여 시장에 오는 사람이 날로 늘었습니다. 얼마 지나지 않아 개천가에 판자로 만든 점포가 다닥다닥 늘어서고 행상과 소비자들이 몰려들었습니다. 광장시장과 그 옆 개천가 점포로 모여드는 사람이 계속 늘어나자, 낡고 위험한 개천가 점포들을 헐고 새 시장 건물을 지었습니다. 전쟁으로 고생한 사람들의 마음을 헤아려서 이름은 '평화시장'이라고 지었어요. 평화시장은 동대문 옆 개천 물길을 따라 동쪽으로 계속 뻗어갔습니다. 평화시장 옆에 새로 지은 시장은 신평화시장, 그 동쪽에는 동평화시장, 청계천 변에 있는 시장은 청평화시장이지요. 광희시장, 방산시장, 중부시장도 가까이에 있었습니다. 서울운동장 건물 주위에는 야구 글러브, 축구공, 스케이트 같은 운동용품을 파는 상점들이 빼곡히 들어찼고요. 동대문과 서울운동장 주변은 우리나라에서 가장 큰 시장 동네가 되었습니다.

▼▲개천가에 다닥다닥 들어선 판잣집 점포
돈을 조금 모아 할부로 재봉틀을 장만한 사람들은 구호물자로 들어온 옷을 수선하고, 낙하산을 뜯어 블라우스를 만들고, 군용 담요를 잘라 외투를 만들었다. 이들에게 재봉틀은 가족을 먹여 살리는 생명줄이었다. 개천가에 위태롭게 들어선 판잣집 점포들에서는 재봉틀이 돌아가는 소리가 밤낮없이 들렸다.

군용 배낭

미군 담요로 만든 바지   군용 담요

▶ 평화시장과 그 이웃 시장들
청계천 복개 공사로 판잣집 점포들이 철거된 자리에 평화시장이 들어섰다. 평화시장은 주로 옷감을 파는 광장시장과는 달리 옷을 팔았다. 처음에는 1층 매장에 재봉틀을 놓고 주인이 직접 옷을 만들거나 수선해 팔다가 1층은 매장으로, 2~3층은 옷을 만드는 공장으로 바뀌었다.

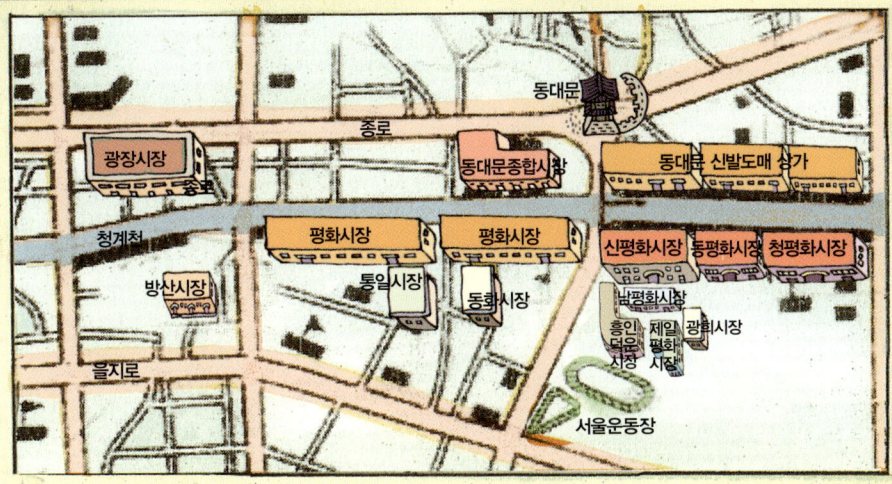

한국 노동운동의 불꽃

전쟁이 끝나고 몇 년 뒤, 미국은 원조를 줄이고 대신 돈을 빌려주기 시작했습니다. 정부는 빚을 내어 나라 살림을 꾸렸고, 그 빚을 갚기 위해 수출을 늘리는 방법을 택했어요. 외국에 수출하는 기업에는 싼 이자로 돈을 빌려 주고 물건 팔 곳을 소개해 주기도 했지요. 평화시장 상인들도 옷이나 가방, 신발, 가발 등 재봉틀과 손 기술만 있으면 되는 물건들을 만들어 수출했습니다. 상인들은 돈을 벌어 사장이 되고 조그만 가게들은 회사로 바뀌었습니다.

평화시장 사장들은 시골에서 올라온 젊은이들을 고용해 일을 시켰습니다. 일자리를 찾는 이들이 무척 많았기 때문에 적은 임금을 주고도 노동자를 쉽게 구했어요. 노동자들은 하루 종일 옷본을 그리고, 천을 자르고, 재봉틀을 돌렸습니다. 평화시장 건물은 본래 공장으로 쓰려고 지은 것이 아니었습니다. 안 그래도 비좁은 방을 이 층으로 나누어서, 노동자들은 허리도 펼 수 없는 낮은 방에 쭈그리고 앉아 온종일 재봉틀을 돌렸어요. 실 먼지는 풀풀 날리는데 바람도 잘 통하지 않았습니다. 월급이 적어 제대로 먹지도 못하면서 나쁜 환경에서 일하다 보니 병에 걸리는 노동자들이 많았습니다.

평화시장에서 재단사로 일하던 전태일이라는 젊은이가 있었습니다. 그는 자신도 살기 힘들었지만 어린 노동자들이 힘겹게 일하는 걸 무척 안타까워했어요. 이들을 도울 방법을 찾다가 노동자를 보호하는 근로기준법이 있다는 사실을 알게 되

평화시장의 성장

국민소득 증가와 정부의 수출산업 지원에 힘입어 섬유류와 의류 생산이 크게 늘었다. 이에 따라 의류 생산의 중심인 평화시장도 크게 발전했다. 평화시장뿐 아니라 낙산 등 성이의 창신동, 숭인동 일대에도 봉제 공장이 들어섰다. 1960~70년대 동대문시장은 남대문시장과 함께 국내 의류 생산 및 유통의 70%를 담당했다.

◀ 노동자들의 비참한 현실
평화시장의 작업장은 넓이가 8평, 높이는 3m 쯤이었는데, 업주들은 이 공간을 두 층으로 나누었다. 허리를 펴고 설 수도 없는 다락방에서 30명이 넘는 노동자가 일했다. 환기가 제대로 되지 않으니 눈병, 폐병에 쉽게 걸렸고, 14~15시간씩 고되게 일하고도 하루 임금은 겨우 다방 커피 한 잔 값이었다. 이들의 희생을 딛고 평화시장이 번영하고 한국 경제가 성장했다.

평화시장에서 재단사로 일하던 시절의 전태일, 왼쪽.

평화시장 앞에 서 있는 전태일 동상

었지요. 전태일은 노동자를 도와 달라고, 근로기준법을 지켜 달라고 여기저기 찾아다니며 도움을 청했어요. 그러나 아무도 그의 부탁을 들어주지 않았습니다. 어느 추운 겨울날, 전태일은 자기 몸에 기름을 붓고 불을 붙였습니다. 그리고 외쳤어요. "근로기준법을 지켜라! 내 죽음을 헛되이 마라!"

전태일의 죽음은 많은 사람의 가슴을 아프게 했습니다. 노동자들의 처지를 동정하는 사람도 늘었습니다. 노동자 스스로 자기 권리를 지켜야 한다는 생각도 깊어졌어요. 전태일이 일하던 평화시장 노동자들은 노동조합을 만들었어요. 다른 동네, 다른 공장 노동자들도 하나둘 노동조합을 만들었지요. 정부는 노동조합이 회사 경영을 어렵게 하여 나라 경제를 망친다고 했습니다. 나쁜 생각을 품은 사람들이 노동자들을 선동하는 거라고도 했고요. 그러나 전태일이 뿌린 씨앗은 수많은 노동자의 가슴속에서 계속 자라났습니다.

평화시장 노동자 전태일(1948~1970)
전태일은 집안이 어려워 정규교육을 거의 받지 못하고 17세에 평화시장에 취직하여 재봉사, 재단사로 일했다. 그는 다른 노동자들과 함께 근로기준법을 공부하고 업주들의 불법행위를 사람들에게 알리다가 해고되었다. 그 뒤로도 계속 정부 기관에 불법행위 시정을 호소했으나, 정부는 그의 말을 들은 척도 하지 않았다.
1970년 11월 13일, 전태일은 평화시장 앞에서 자기 몸에 불을 붙였다. 이 불씨가 스러졌던 한국 노동운동의 불꽃을 되살렸다.

노동자를 보호하는 근로기준법과 노동조합
근로기준법은 노동자를 보호하기 위해 만든 법으로 1953년 공포되었다. 하루 8시간 노동, 최저임금, 휴일에 쉴 권리 등을 보장한다. 노동조합은 노동자의 권익을 지키고 노동자의 사회적·경제적 지위를 향상시키기 위해 노동자들이 조직하는 단체이다.

전태일 분신 뒤에 결성된 평화시장 노동자들의 노동조합, 청계피복노조

전태일 분신을 알린 신문 기사

땅 위로 땅 밑으로 팽창하는 서울

개천을 덮고 고가도로를 놓다
개천 본류를 덮는 청계천 복개 공사는 1955년에 시작되어 1977년까지 진행되었다. 복개된 개천 위에는 총길이 5.6km의 고가도로를 세웠다. 청계고가도로는 1976년에 완공되었고, 2003년에 철거되었다.

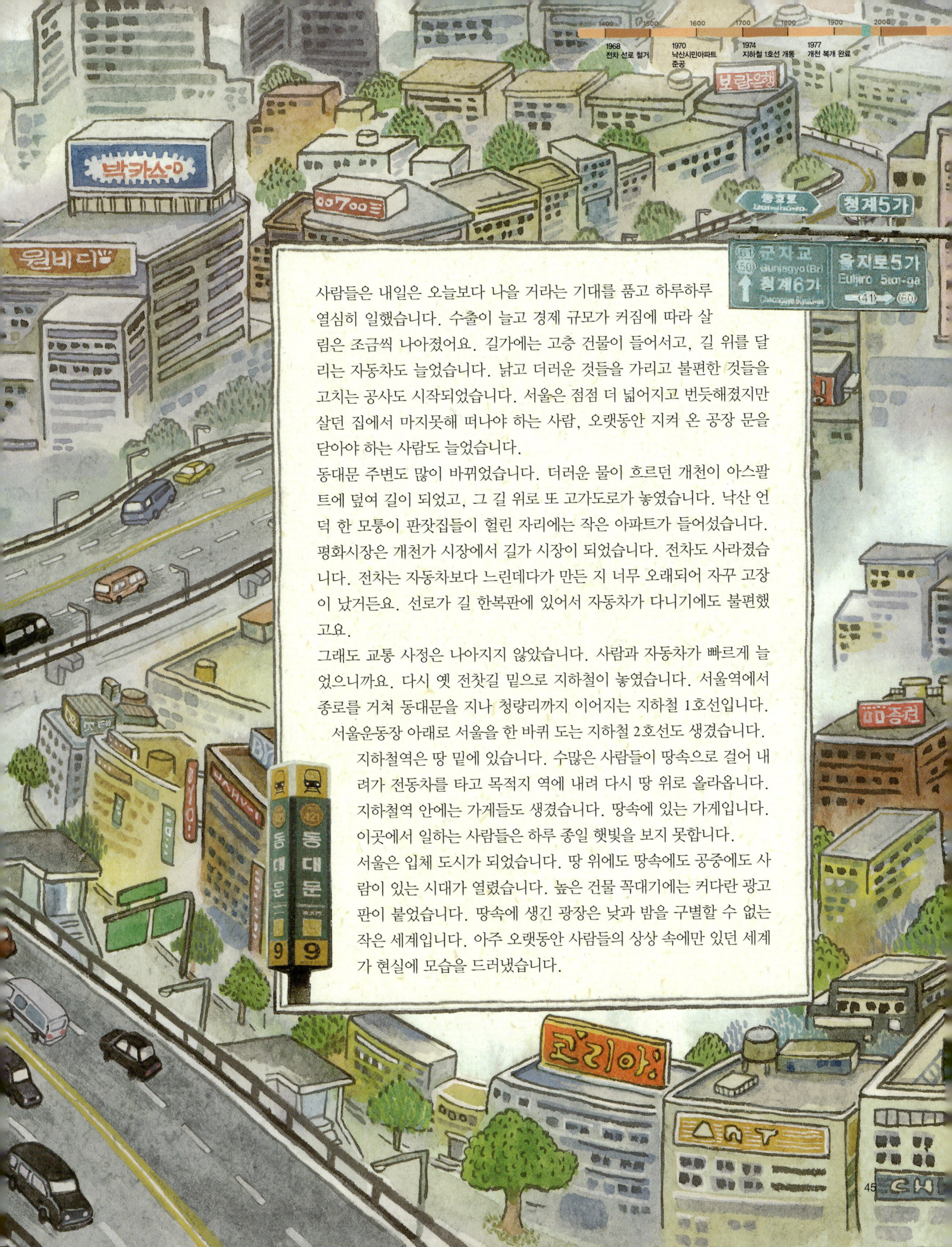

1968	1970	1974	1977
전차 선로 철거	낙산시민아파트 준공	지하철 1호선 개통	개천 복개 완료

사람들은 내일은 오늘보다 나을 거라는 기대를 품고 하루하루 열심히 일했습니다. 수출이 늘고 경제 규모가 커짐에 따라 살림은 조금씩 나아졌어요. 길가에는 고층 건물이 들어서고, 길 위를 달리는 자동차도 늘었습니다. 낡고 더러운 것들을 가리고 불편한 것들을 고치는 공사도 시작되었습니다. 서울은 점점 더 넓어지고 번듯해졌지만 살던 집에서 마지못해 떠나야 하는 사람, 오랫동안 지켜 온 공장 문을 닫아야 하는 사람도 늘었습니다.

동대문 주변도 많이 바뀌었습니다. 더러운 물이 흐르던 개천이 아스팔트에 덮여 길이 되었고, 그 길 위로 또 고가도로가 놓였습니다. 낙산 언덕 한 모퉁이 판잣집들이 헐린 자리에는 작은 아파트가 들어섰습니다. 평화시장은 개천가 시장에서 길가 시장이 되었습니다. 전차도 사라졌습니다. 전차는 자동차보다 느린데다가 만든 지 너무 오래되어 자꾸 고장이 났거든요. 선로가 길 한복판에 있어서 자동차가 다니기에도 불편했고요.

그래도 교통 사정은 나아지지 않았습니다. 사람과 자동차가 빠르게 늘었으니까요. 다시 옛 전찻길 밑으로 지하철이 놓였습니다. 서울역에서 종로를 거쳐 동대문을 지나 청량리까지 이어지는 지하철 1호선입니다. 서울운동장 아래로 서울을 한 바퀴 도는 지하철 2호선도 생겼습니다.

지하철역은 땅 밑에 있습니다. 수많은 사람들이 땅속으로 걸어 내려가 전동차를 타고 목적지 역에 내려 다시 땅 위로 올라옵니다. 지하철역 안에는 가게들도 생겼습니다. 땅속에 있는 가게입니다. 이곳에서 일하는 사람들은 하루 종일 햇빛을 보지 못합니다.

서울은 입체 도시가 되었습니다. 땅 위에도 땅속에도 공중에도 사람이 있는 시대가 열렸습니다. 높은 건물 꼭대기에는 커다란 광고판이 붙었습니다. 땅속에 생긴 광장은 낮과 밤을 구별할 수 없는 작은 세계입니다. 아주 오랫동안 사람들의 상상 속에만 있던 세계가 현실에 모습을 드러냈습니다.

서울운동장의 영광, 동대문운동장의 몰락

사람들의 생활에 여유가 생기면서 '레크리에이션'이라는 말이 유행했습니다. '살아가는 힘을 되찾는 것'이라는 뜻입니다. 사람들은 취미 생활, 특히 운동경기에 관심이 많아졌습니다. 서울운동장에서 국가 대표 축구 경기나 고교 야구 대회가 열리는 날이면 동대문 주변으로 많은 사람들이 몰려들었어요. 지하철역이 생겨 운동장에 오기도 더 편해졌습니다.

서울운동장에는 밤에도 경기를 할 수 있도록 큰 조명탑을 세웠습니다. 하루 일을 마친 직장인들, 학교 공부를 끝낸 학생들이 몰려와 늦도록 응원을 했지요. 고교 야구 대회가 특히 인기 높았습니다. 어느 학교 야구팀이 시합에 나서면 수업을 빼먹고 구경 온 그 학교 학생들과 졸업생들이 한목소리로 응원했어요. 서울운동장은 서울 시민들의 나들이 장소이기도 했습니다. 서울운동장의 수영장 개장은 여름의 시작을 알렸고, 겨울에는 배구장을 얼려 만든 스케이트장이 인기였지요.

1988년 서울에서 올림픽이 열렸습니다. 올림픽을 치르기 위해 잠실에 종합 운동장이 생겼습니다. 새 경기장은 서울운동장보다 훨씬 크고 멋있었어요. 이때부터 중요한 경기는 잠실에서 열려 서울운동장을 찾는 사람이 줄었습니다. 서울운동장은 이미 몇 해 전부터 이름도 동대문운동장으로 바뀌었어요. 고교 야구는 동대문야구장에서 계속 열렸지만 프로 야구가 생기며 사람들의 관심이 시들해졌지요. 동대문운동장은 점점 더 쓸쓸한 경기장이 되었습니다.

그래도 동대문운동장 주변에는 여전히 많은 사람들이 모여들었습니다. 옷과 장신구, 신발 따위를 파는 크고 화려한 건물들도 계속 늘어났고요. 새로 지은 건물들을 보며 사람들의 마음속에 오래되고 추한 건물이나 시설은 헐고 새로 지어야 한다는 생각이 커져 갔습니다. 개천 위로 난 고가도로를 헐고 개천을 덮었던 아스팔트를 뜯어냈어요. 땅 밑으로 움푹 꺼진 곳에는 인공 시냇물을 만들었고요. 깨끗하게 단장된 시냇가를 걷는 사람들 눈에 동대문운동장은 더욱 누추해 보였습니다. 동대문운동장의 추억을 소중하게 생각하는 사람들이 반대했지만, 결국 동대문운동장은 헐리고 말았습니다.

▲일 년 내내 북적북적
경성운동장은 해방과 함께 서울운동장이 되었다. 1945년 10월 해방 후 첫 전국체육대회인 '자유해방경축 전국종합경기대회'가 열린 이래, 서울운동장에서는 전국체육대회를 비롯하여 육상, 야구, 축구, 테니스, 권투 등 다양한 운동경기가 열렸다.

서울운동장과 신당동 떡볶이
한국전쟁 이후 생계를 위해 작은 음식점을 내는 사람이 늘었다. 떡볶이집도 그 중 하나다. 떡볶이는 특히 주머니가 가벼운 학생들에게 인기를 끌었다. 1970년대에는 고교 야구 경기를 보고 나온 학생들이 서울운동장에서 가까운 신당동 떡볶이집으로 몰려갔다. 떡볶이집들은 이들의 입맛에 맞는 새 메뉴를 개발하기도 하고 뮤직박스를 설치하기도 했다.

◀▶허물 것이냐, 그냥 둘 것이냐
2000년대에 들어서 동대문운동장은 운동장 구실을 못하고 주차장이나 풍물 시장으로 쓰였다. 그러자 이를 허물고 상업 시설을 새로 짓자는 여론이 일었다. 우리나라 최초의 근대적 체육 시설이니 문화재로 보존하자는 사람들, 이곳의 추억을 간직한 사람들이 반대했으나, 동대문 상권을 키우려는 욕망을 이기지는 못했다.
2007년 12월 철거 공사가 시작되었고 그 과정에서 땅속에 있던 한양도성과 이간수문, 하도감 터가 발견되었다. 서울시는 발견된 유구를 옮겨 동대문역사문화공원을 만들고, 그 터에 동대문디자인플라자(DDP)를 지었다. 오른쪽은 동대문디자인플라자 공사 현장이다.

1966 서울운동장 야구장 조명탑 설치	1984 동대문운동장으로 이름 바뀜	2008 동대문운동장 철거 완료	

고교 야구의 메카

서울운동장에서 열린 경기 가운데 가장 인기 높았던 것은 고교 야구다. 1946년 자유신문사 주최로 전국중등학교야구선수권대회(1950년 학제 개편으로 청룡기전국고교야구선수권대회로 바뀜)가 열린 이래, 신문사가 주최하는 야구 대회가 여럿 생겼다.
고교 야구의 인기가 가장 높았던 1970년대에는 청룡기, 황금사자기, 대통령배, 봉황대기 등의 대회가 서울운동장 야구장에서 일 년 내내 열리다시피 했다.

동대문패션타운

동대문 일대는 오래전부터 우리나라를 대표하는 의류 시장 지대였지만 시대에 따라 시장 건물의 모습은 바뀌었습니다. 1990년대에 들어서며 나지막한 시장 건물들을 비집고 번쩍거리는 고층 건물들이 고개를 내밀었습니다. 최신 유행을 발 빠르게 반영한 디자인의 옷과 주차 시설, 각종 편의 시설로 무장한 새로운 의류 도매시장들입니다. 곧이어 대형 주차장과 극장, 전망대, 음식점 등을 두루 갖춘 대형 쇼핑몰 형태의 의류 소매 상가들도 속속 들어섰습니다. 백화점을 닮은 이 건물들 앞에서는 거리 공연이 열리고, 사람들은 한 건물 안에서 최신 유행의 옷이나 신발을 사고, 차를 마시고 음식을 먹으며, 영화를 보았습니다. 예전에는 전국에서 도매상들이 몰려오는 밤이나 새벽 시간에 동대문 일대가 북적거렸지만, 이제는 낮이나 밤이나 사람들의 발길이 끊이지 않습니다.

그동안 동대문시장은 옷감을 비롯하여 옷 만드는 데 필요한 온갖 재료와 값싼 노동력을 두루 갖춘 국내 최대 의류 생산 기지이자 도매시장이었습니다. 그러나 이제는 의류 기획부터 디자인, 생산, 도소매 유통 기능을 두루 갖춘 패션산업 기지

패션산업의 중심, 동대문패션타운
밤에도 불이 꺼지지 않는 동대문패션타운은 오가는 사람들로 24시간 활기가 넘친다. 국내외 바이어와 소비자를 대상으로 패션 축제, 패션쇼도 자주 열린다.
2012년 말 동대문패션타운에는 40개에 달하는 대규모 패션 도소매 상가, 3만 5천여 점포가 있으며, 이곳에서 일하는 사람은 10만 명가량에 달한다. 하루 유동 인구는 약 60만 명, 연간 매출액은 약 10조 원 정도다.

로 '동대문패션타운'이라는 새 이름을 얻었습니다. 세계적인 디자이너를 꿈꾸는 젊은이들이나 유명 디자이너들이 이곳에 둥지를 틀었습니다. 옷감이나 단추, 실 따위 온갖 재료를 쉽게 구할 수 있고, 재단이나 바느질을 할 손끝 매운 일꾼도 많고, 소비자들에게 옷을 선보일 매장을 얻기도 쉬우니까요.

동대문패션타운은 널리 외국에까지 이름이 났습니다. 가까운 중국, 일본뿐 아니라 러시아와 동유럽, 중앙아시아, 아프리카 등지에서 옷을 사러 오는 사람도 많습니다. 동대문패션타운은 한국을 찾은 외국 관광객들이 빠뜨리지 않고 방문하는 관광 명소가 되었습니다. 이곳에서는 최신 유행을 따르는 옷도, 신진 디자이너들의 개성 강한 옷도, 세계 유명 패션쇼에서 선보인 옷도, 남들이 입던 헌 옷도 구할 수 있습니다. 그리고 이곳에는 광장시장, 평화시장처럼 수십 년 동안 자리를 지키고 있는 터줏대감들과 갓 지어진 고층 건물들이 사이좋게 어울려 있습니다.

국제 도시 서울의 상징이 되다

1990년대 들어 세계화가 급진전하면서 동대문시장에 세계 각국 상인들이 모여들었다. 시장 주변 가게에는 영어와 일본어 외에 중국어, 러시아어, 키릴문자 안내판과 간판이 나붙기 시작했다. 물건을 사러 모여든 외국 상인들과 관광객들이 한국 문화와 동대문 일대의 역사 유적에 흥미를 보이면서 동대문시장 주변은 전통과 현대가 어우러진 관광 명소로 인기를 모으고 있다.

동대문 빼고는 다 판다

광장시장, 동대문시장, 방산시장, 중부시장, 흥인시장, 평화시장, 광희시장 등으로 이어지는 거대한 쇼핑 타운에서는 패션용품뿐 아니라 지구상의 거의 모든 물건을 살 수 있다. 첨단 전자 제품과 공구, 심지어 동물도 판다. 동대문 상인들은 우스개로 "동대문 빼고 다 판다."고 한다. 그래도 주요 거래 품목은 여전히 옷과 관련된 것들이다.

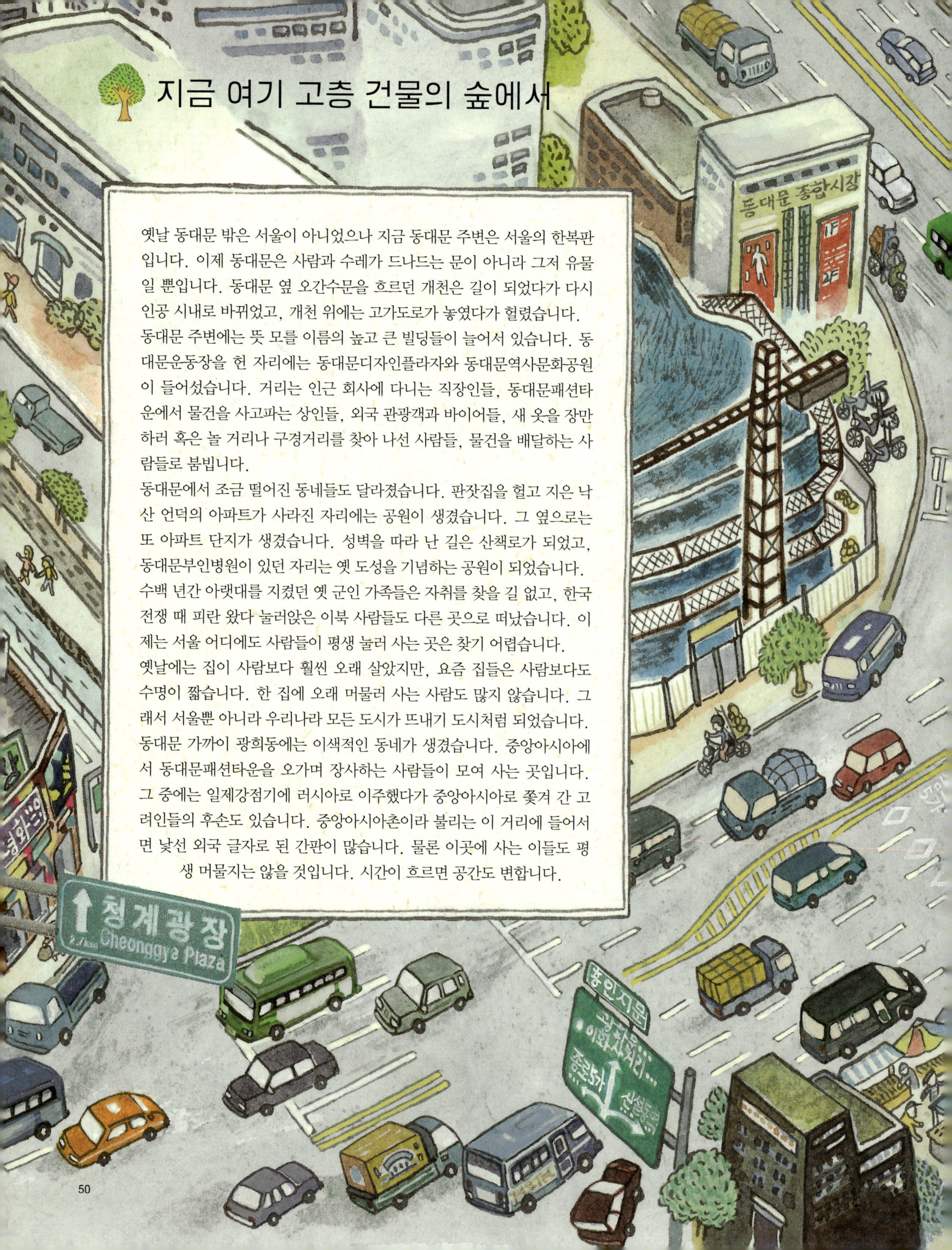

지금 여기 고층 건물의 숲에서

옛날 동대문 밖은 서울이 아니었으나 지금 동대문 주변은 서울의 한복판입니다. 이제 동대문은 사람과 수레가 드나드는 문이 아니라 그저 유물일 뿐입니다. 동대문 옆 오간수문을 흐르던 개천은 길이 되었다가 다시 인공 시내로 바뀌었고, 개천 위에는 고가도로가 놓였다가 헐렸습니다.

동대문 주변에는 뜻 모를 이름의 높고 큰 빌딩들이 늘어서 있습니다. 동대문운동장을 헌 자리에는 동대문디자인플라자와 동대문역사문화공원이 들어섰습니다. 거리는 인근 회사에 다니는 직장인들, 동대문패션타운에서 물건을 사고파는 상인들, 외국 관광객과 바이어들, 새 옷을 장만하러 혹은 놀 거리나 구경거리를 찾아 나선 사람들, 물건을 배달하는 사람들로 붐빕니다.

동대문에서 조금 떨어진 동네들도 달라졌습니다. 판잣집을 헐고 지은 낙산 언덕의 아파트가 사라진 자리에는 공원이 생겼습니다. 그 옆으로는 또 아파트 단지가 생겼습니다. 성벽을 따라 난 길은 산책로가 되었고, 동대문부인병원이 있던 자리는 옛 도성을 기념하는 공원이 되었습니다. 수백 년간 아랫대를 지켰던 옛 군인 가족들은 자취를 찾을 길 없고, 한국전쟁 때 피란 왔다 눌러앉은 이북 사람들도 다른 곳으로 떠났습니다. 이제는 서울 어디에도 사람들이 평생 눌러 사는 곳은 찾기 어렵습니다.

옛날에는 집이 사람보다 훨씬 오래 살았지만, 요즘 집들은 사람보다도 수명이 짧습니다. 한 집에 오래 머물러 사는 사람도 많지 않습니다. 그래서 서울뿐 아니라 우리나라 모든 도시가 뜨내기 도시처럼 되었습니다. 동대문 가까이 광희동에는 이색적인 동네가 생겼습니다. 중앙아시아에서 동대문패션타운을 오가며 장사하는 사람들이 모여 사는 곳입니다. 그 중에는 일제강점기에 러시아로 이주했다가 중앙아시아로 쫓겨 간 고려인들의 후손도 있습니다. 중앙아시아촌이라 불리는 이 거리에 들어서면 낯선 외국 글자로 된 간판이 많습니다. 물론 이곳에 사는 이들도 평생 머물지는 않을 것입니다. 시간이 흐르면 공간도 변합니다.

| 닫는 글 | ## 장소에 새겨지는 역사

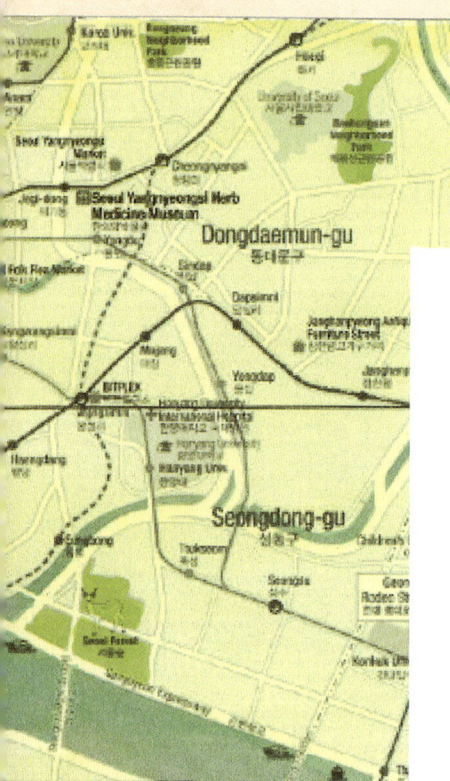

2014년 청계천
인공 구조물과 수돗물로 채운 청계천은 물길의 흐름과 순환을 고려하지 않아 수질오염이 심각하다. 역사적인 유물과 유적도 제대로 복원되지 않았다. 앞으로 해결해야 할 과제가 많다.

2008년, 동대문운동장을 헐고 그 자리에 동대문디자인플라자와 동대문역사문화공원을 짓기 시작했습니다. 땅을 파는 중에 조선시대 그 자리에 있던 성벽과 이간수문, 하도감 건물 터가 발견되었습니다. 땅속 깊이 묻혀 있던 역사가 튀어나온 것입니다. 땅 위에서 동대문운동장을 없앴지만 땅속에 숨어 있던 이간수문과 하도감에 대한 기억을 살려 냈습니다.

기억이란 이런 것입니다. 잊지 않으려 애써도 잊히는 것이 있고, 잊으려 애써도 잊히지 않는 것이 있습니다. 까맣게 잊고 있다가 느닷없이 떠오르기도 하고, 때로는 억지로 더듬어야 되살아나기도 합니다. 그런 기억들이 모여 역사가 됩니다.

지금의 동대문 주변은 옛날의 동대문 주변과 많이 다릅니다. 동대문은 더 이상 서울의 대문이 아니지만 지나다니는 사람은 여전히 많습니다. 예나 지금이나 동대문 주변에는 옷과 장신구를 파는 사람들이 많습니다. 동대문시장 앞을 바쁘게 오가는 트럭과 오토바이들은 옛날에 수레와 지게가 하던 일을 대신합니다. 동대문시장 뒷골목에서는 아직도 지게꾼들이 손님을 기다리고요.

사라지는 것, 변하는 것, 되풀이되는 것, 지속되는 것들이 서로 어울려 역사를 만듭니다. 변화는 희망을 주지만 불안감을 주기도 합니다. 사람들은 지속되는 것에서 안정감을 느낍니다. 세월이 흐르고 외모가 바뀌어도 지속되는 것이 있기에 나는 나이고 그는 그이지요. 한 사람의 짧은 생애만 그런 것이 아니라 나라나 민족의 긴 역사도 그렇습니다.

전차 차고 터 표석

2014년 평화시장 일대를 오가는 사람들

2014년 낙산 기슭 주택가

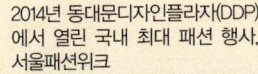

전태일 추모 동판

2014년 동대문
2008년 숭례문 화재로 사대문 가운데 조선시대에 지어진 문은 흥인지문만 남았다. 그러나 동대문의 안전도 위협받고 있다. 석축에 금이 가고 균열이 심해졌으며 한쪽으로 기울고 있다. 동대문 바로 앞에 고층 건물을 지으면서 벌어진 일이다.

역사가 새겨진 땅, 기록을 가진 땅, 그래서 사람들이 특별하게 기억하는 땅을 '장소'라고 합니다. 아무 기억도 간직하지 못한 땅은 그냥 '공간'입니다. 같은 땅이라도 어떤 이에게는 공간이지만 다른 이에게는 장소입니다. 장소는 기억을 보듬고 상상에 나래를 달아 주며, 한 장소에 같은 기억을 담은 사람들끼리 마음을 나눌 수 있게 해 줍니다.

장소의 역사는 수많은 사람들의 발자국과 한숨과 환호성으로 새긴 역사입니다. 지금 동대문 주변에 사는 이들, 바쁘게 동대문시장을 오가는 이들, 동대문시장 옆 골목에 오토바이와 지게를 세워 놓고 손님을 기다리는 이들이 모두 이 동네가 '아랫대'였던 시절을 기억하지는 않습니다. 그러나 그들이 물건 사라고 외치는 소리에도, 흥정하는 손짓에도, 힘겹게 옮겨놓는 걸음걸이에도 역사는 어김없이 새겨져 있습니다.

동대문 밖 동교는 참 많이 변했습니다. 그래도 전농동, 마장동 같은 동네 이름에서, 작은 골목과 집들이 늘어선 모양에서, 동네 어느 구석에 초라하게 남아 있는 오래된 건물에서 우리는 역사를 볼 수 있습니다. 이제껏 그랬듯이 지금 우리가 하는 일도 역사가 될 것이고, 우리가 내딛는 걸음걸음도 땅 위에 또 다른 역사를 새길 것입니다. 역사 앞에서는, 큰일도 별일이 아니고 작은 일도 가볍지 않습니다.

2014년 동대문디자인플라자(DDP)에서 열린 국내 최대 패션 행사, 서울패션위크

2014년 동대문디자인플라자(DDP)
2014년 문을 연 동대문디자인플라자는 국제회의장, 전시장, 공연장, 박물관, 매장 등을 갖춘 복합 문화 공간이다. 5년 동안 5천억 원 가까이 들여 지은 이곳이 동대문 일대의 오랜 역사와 문화에 어떤 영향을 끼치게 될까.

자지동천
비우당(재현 건물)
낙산
한양도성
청룡사
청룡사 앞 비각에는 영조 임금이 단종 비 정순왕후 송씨를 기리며 쓴 현판과 정업원 구기비가 있다.
전태일 동상
청계천 평화시장 앞 전태일다리에는 전태일 동상이 있다. 전태일을 기억하는 이들이 남긴 추모 동판도 거리 곳곳에서 볼 수 있다.
한양도성박물관
동부학당과 동대문부인병원이 있던 자리다. 한양도성박물관은 조선시대 도성의 모습과 성곽이 파괴되고 복원되는 과정 등 한양도성의 역사와 문화를 살펴볼 수 있다.
종묘
어영청 터
장용영 터
배우개장 터
동별영 터
동대문성곽공원
동대문
동대문역
전차 차고 터
발전소 터
종로5가역
오간수문 터
광장시장
청계천
동대문종합시장
신평화시장
동평화시장
청평화시장
평화시장
동대문패션타운
국립중앙의료원
훈련원 터
훈련원은 조선시대에 무과 시험과 군사훈련을 주관하던 관청으로 훈련원공원과 국립중앙의 료원 일대의 넓은 지역에 자리 잡고 있었다.
훈련원공원
이간수문전시장
동대문운동장기념관
동대문역사관
동묘역
신당역
동대문역사문화공원역
동대문역사문화공원과 동대문디자인플라자(DDP)
동대문디자인플라자는 조선시대 군영인 하도감과 염초청, 그리고 동대문운동장이 있던 자리에 세워졌다. 바로 옆에 한양도성 성벽과 이간수문이 있었다. 동대문역사문화공원에는 이러한 조선시대 유적과 출토 유물을 전시한 동대문역사관과 이간수문전시장, 그리고 동대문운동장의 변천사를 보여주는 동대문운동장기념관 등이 있다.
광희문
광희문은 1975년에 복원하면서 원 위치에서 남쪽으로 15m 이동했다.

서울특별시전도
선농단 터
선농단은 풍년을 기원하는 제사, 선농제를 올리던 곳이다. 조선시대 선농단은 없어졌지만 성종 때 심은 500년 넘은 향나무(천연기념물 제240호)가 남아 있다. 곧 공원과 전시관이 들어설 예정이다.
서울역사박물관
조선시대부터 오늘날까지 서울의 변화상과 서울 사람들의 생활과 문화를 살펴볼 수 있는 곳.
한양도성
중랑천
동구릉
마조단 터(한양대 안)
아차산
살곶이목장 터
청계천
한강
살곶이다리
청계천문화관
청계천의 역사와 복원 과정, 청계천 공사 현장에서 출토된 유물을 살펴볼 수 있는 박물관.
화양정 터
화양정은 불타 없어졌고 그 옆에 서 있던 700년 된 느티나무 7그루만 남아 있다. 시도기념물 제2호 화양동느티나무다.

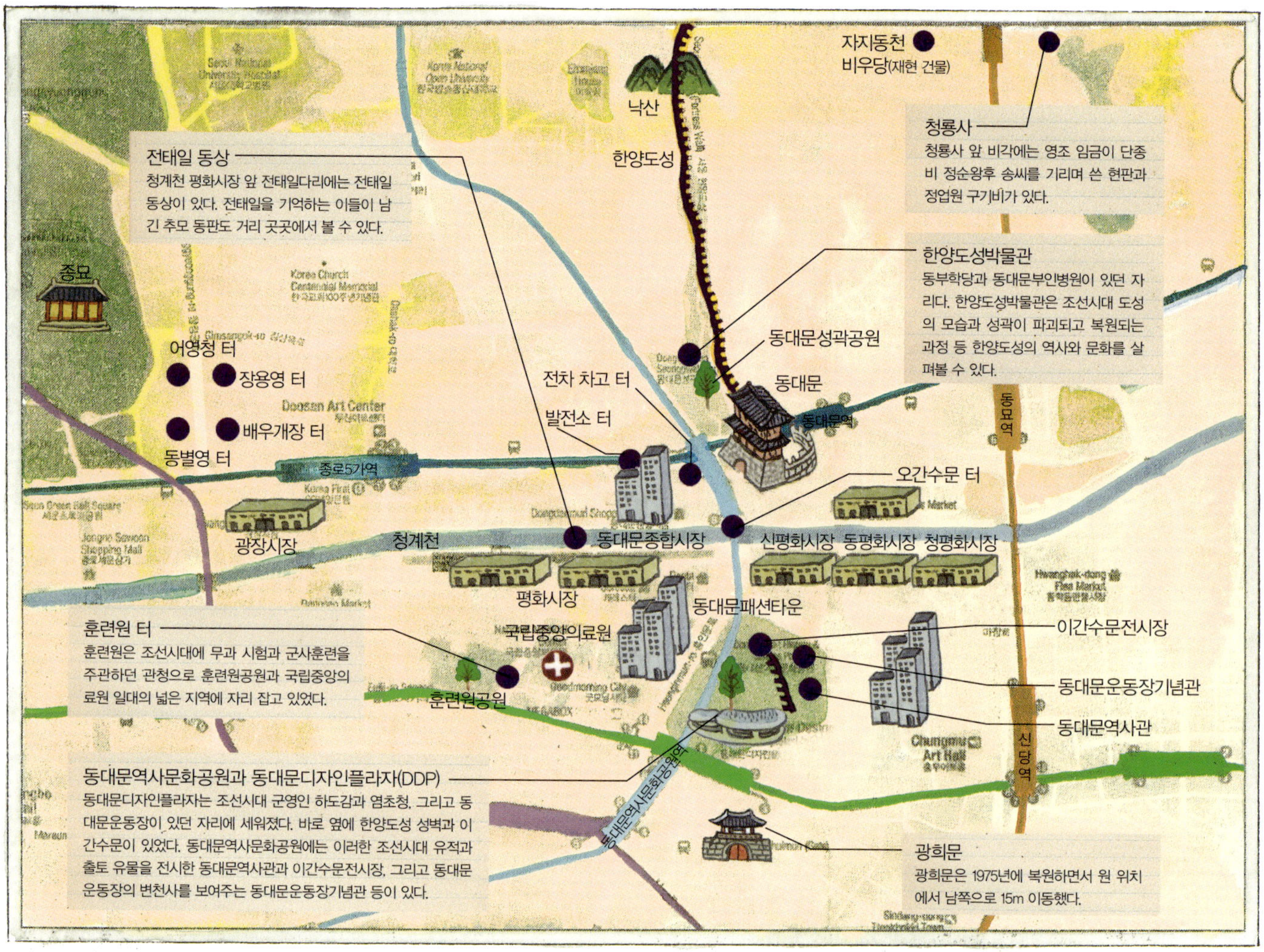

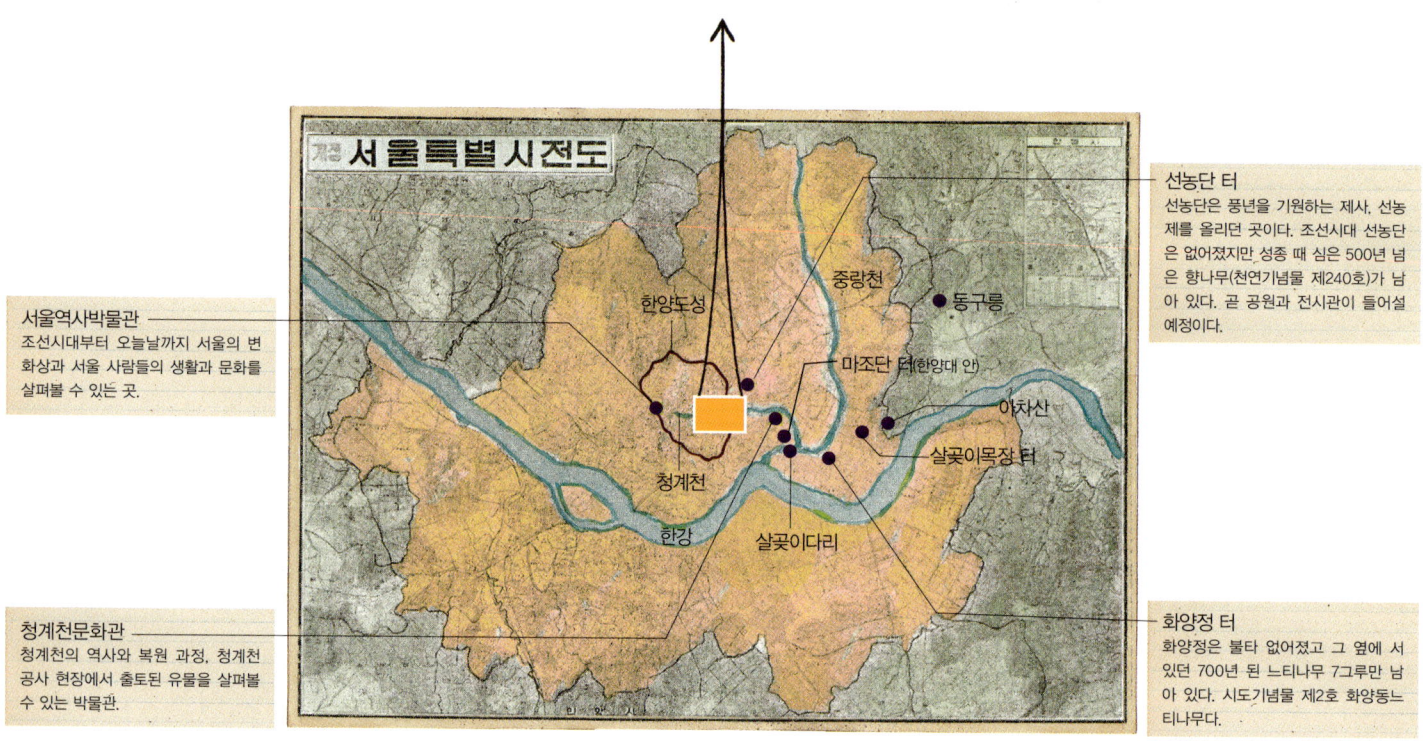

찾아보기

ㄱ
가산, 조산 20, 22, 27, 28, 31
개천, 청계천 5, 8~10, 12, 20~24, 28~32, 38, 39, 41, 44~46, 50~52, 54
개항 27
광장시장 28, 29, 40, 41, 49, 54
광희문 9, 12, 13, 20, 22, 54
군사, 군인 5, 12, 14~17, 22~25, 27, 30~32, 37, 39, 50
균역법 24, 25
근로기준법 43
깃발 15~17, 22, 23, 37

ㄴ
낙산, 낙타산 7~12, 32, 39, 42, 45, 50, 53, 54
남대문, 숭례문 9, 12, 18, 24, 30
남산, 목멱 7~10, 12
내사산 10, 14
노동조합 43

ㄷ
단종 비, 정순왕후 송씨 10, 11, 54
대동법 19, 24, 25
대한민국 8, 30, 36~38
대한제국 26~28, 30, 31
도깨비시장 40
도성, 한양도성 6~10, 12, 14, 19, 20, 22~25, 28, 46, 50, 54
동교 14~16, 53
동구릉 14, 54
동대문패션타운 48~50, 54
동대문, 흥인지문 4, 5, 9~15, 18, 20, 22, 24, 25, 27~34, 39~41, 45, 46, 48~50, 52~54
동대문디자인플라자(DDP) 22, 46, 50~54
동대문부인병원, 보구여관 28, 29, 50, 54
동대문시장 29, 42, 48, 49, 52, 53
동대문역사문화공원 46, 50~52, 54
동대문운동장, 경성운동장, 서울운동장 4, 34, 35, 37, 41, 45~47, 50, 52, 54
동망봉 10, 11
동별영 22, 54
둑기, 독기 15~17

뚝섬, 살곶이벌 9, 16, 17, 24

ㅁ
말 5, 12, 15~17, 20, 22, 31
목장, 살곶이목장 4, 5, 9, 16, 17, 20, 24, 32, 54
문화주택 32, 33

ㅂ
발전소 28~30, 54
배우개, 배우개장 9, 22, 24, 25, 29, 54
버드나무 17, 20, 21
북악산, 백악 7~10
북한산, 삼각산 5, 7~9, 14
비우당 10, 11, 54

ㅅ
사대문 12, 53
사소문 12
살곶이다리 9, 16, 17, 54
삼일운동 30, 31
삼팔선, 38도선 36~39
상평통보 18, 24, 25
석양루 10, 11
선농단 9, 14, 15, 54
식민지 26, 27
실향민 38

ㅇ
아랫대, 하촌 5, 22~25, 32, 33, 50, 53
아차산 5, 8, 9, 14, 16, 17, 54
어영청 22, 54
염초청 22, 23, 54
영조 10, 11, 20~22, 24, 25, 54
오간수문 9, 10, 20, 22, 30, 50, 54
옹성 12, 28
용마산 16
원조 물자, 구호품 38, 40
유관 10, 11
을사늑약 29, 31
의병 22, 30, 31
이간수문 9, 20, 22, 46, 52, 54
이수광 10, 11

일제강점기 8, 30~35, 50

ㅈ
자지동천 11, 54
적전 9, 14, 15
전차, 전차 차고 26, 28~30, 45, 52, 54
전태일 42, 43, 53, 54
정업원 구기비 10, 11, 54
제사 15, 17, 54
조선, 조선시대 4~29, 31, 34, 52~54
조선민주주의인민공화국 37, 38
종로 8~10, 22, 24, 28~31, 41, 45
종묘 7~10, 15, 22, 24, 29, 54

ㅊ
청계고가도로 44, 45
청룡사 10, 11, 54

ㅌ
토막 32, 33

ㅍ
판잣집 39~41, 45, 50
평화시장 40~43, 45, 49, 52, 54

ㅎ
하도감 22~24, 34, 46, 52, 54
한강 7~9, 16~19, 24, 54
한국전쟁 36~39, 46, 50
한성부 8, 10, 33
한양 6~10, 12, 18, 26
해방 8, 34, 37, 38, 46
혜화문, 홍화문 9, 12, 22
화양정 17, 54
훈련도감 22, 23
훈련원 9, 22, 24, 29~32, 54

참고문헌

원사료

《각사등록各司謄錄》
《만기요람萬機要覽》
《명성황후국장도감의궤明成皇后國葬都監儀軌》
《비변사등록備邊司謄錄》
《승정원일기承政院日記》
《일성록日省錄》
《조선왕조실록朝鮮王朝實錄》

사전·보고서·지도집·신문

《광진구지》, 《동대문구지》, 《성동구지》, 《종로구지》, 《중구지》, 서울특별시 각 구청, 1992~1997.
《동대문디자인플라자&파크 건립 부지 내 발굴 조사》, 중원문화재연구원, 2009.
《동대문시장: 광장 방산 중부》, 서울역사박물관, 2012.
《동대문시장: 불이 꺼지지 않는 패션 아이콘》, 서울역사박물관, 2011.
《서울 지도》, 서울역사박물관, 2006
《서울의 옛 지도》, 이찬·양보경 편, 서울학연구소, 1995.
《서울지명사전》, 서울시사편찬위원회, 2009.
《서울통계연보》, 서울특별시. 각 연도.
《역사 문화 유적지 기념 표석 설치 현황》, 서울특별시.
《왕십리 사람들》, 서울역사박물관, 2009.
《정도 600년 서울 지도》, 허영환 편, 범우사, 1994.
《창신동: 공간과 일상》, 서울역사박물관, 2011.
《청량리: 일탈과 일상》, 서울역사박물관, 2012.
《프랑스국립기메동양박물관 소장 한국 문화재》, 국립문화재연구소, 1999.
《한국민족문화대백과사전》, 한국정신문화연구원, 1991.
《흥인지문: 정밀 실측 조사 보고서》, 서울특별시 종로구청, 2006.
《경향신문》, 《동아일보》, 《매일신보》, 《조선일보》, 《조선중앙일보》, 《황성신문》.
〈京城軌道沿線案內〉, 《朝鮮鐵道協會會誌》 15卷10號, 朝鮮鐵道協會, 1936.
《京城府史》 1~3, 京城府, 1934~1941.
《德壽宮國葬畵帖》, 奧田直毅 編, 京城日報社, 1919.
《朝鮮古蹟圖譜11》, 朝鮮總督府, 1931.
《韓國建築調査報告》, 關野貞, 東京帝國大學工科大學, 1904.

도록·사진집

《1901년 체코인 브라즈의 서울 방문》, 서울역사박물관, 2011.
《1950.. 서울..: 폐허에서 일어서다》, 서울역사박물관, 2010.
《격동의 시대 서울: 8.15해방에서 4.19혁명까지》, 서울역사박물관, 2012.
《노무라 할아버지의 청계천 이야기》, 청계천문화관, 2007.
《다시 돌아와 본 서울: 1951년 서울》, 성두경, 눈빛, 1994.
《다시 찾은 청계천》, 서울역사박물관, 2005.
《로쎄티의 서울: 1902~1903》, 서울역사박물관, 2012.
《모리스 꾸랑의 서울의 추억》, 서울역사박물관, 2010.
《민족의 사진첩》 1~4, 최석로 해설, 서문당, 1994~2007.
《사진으로 보는 서울》 1~5, 서울시사편찬위원회, 2002~2008.
《사진으로 본 백 년 전의 한국: 근대 한국 1871~1910》, 김원모·정성길 편, 가톨릭출판사, 1986.
《서울 20세기: 100년의 사진 기록》, 서울시정개발연구원, 2002.
《서울대학교박물관 소장 식민지 시기 유리 건판》, 이문웅 외 편, 서울대학교출판부, 2008.
《서울 시정 사진 기록 총서》 1~4, 서울역사박물관, 2011~2013.
《세 이방인의 서울 회상: 딜쿠샤에서 청계천까지》, 서울역사박물관, 2009.
《잘 가, 동대문운동장》, 서울역사박물관, 2014.
《조선시대 궁중 행사도III》, 국립중앙박물관, 2012.
《조선시대 풍속화》, 국립중앙박물관, 2002.
《추억의 세기에서 꿈의 세기로: 20세기 문명의 회고와 전망》, 국립민속박물관, 1999.
《한국의 상거래》, 국립민속박물관 편, 1994.
《한국의 활과 화살》, 육군박물관, 1994.
《한국전기 100년 화보》, 한국전력공사, 1989
《호주 사진가의 눈을 통해 본 한국 1904》, 로스, G. 사진, 이경희 외 역, 교보문고·호한재단, 2004.

단행본

《마경언해》, 남도영 역, 한국마사회 마사박물관, 2004.
《서울 20세기 공간 변천사》, 서울시정개발연구원, 2001.
《서울 20세기 생활문화 변천사》, 서울시정개발연구원, 2001.
《서울 건축사》, 서울특별시, 1999.
《서울 사람이 겪은 해방과 전쟁》, 서울시사편찬위원회, 2011.
《서울 육백년사》 1~9, 서울특별시, 1977~1996.
《서울의 길》, 서울시사편찬위원회, 2009.
《서울의 문화재》 1~6, 서울시사편찬위원회, 2011.
《서울의 성곽》, 서울특별시, 2004.
《서울의 시장》, 서울시사편찬위원회, 2007.
《서울의 하천》, 서울시사편찬위원회, 2000.
《옛날 옛적 서울에: 서울 정도 600년 기념 설화집》, 최래옥 편, 서울학연구소, 1994.
《이조 한문 단편집》 상·하, 이우성·임형택 편역, 일조각, 1995.
《조선 후기 서울의 사회와 생활》, 서울학연구소, 1998.
강만길, 《일제시대 빈민 생활사 연구》, 창작사, 1987.
강명관, 《조선의 뒷골목 풍경》, 푸른역사, 2003.
강우원 외, 《청계천, 청계고가를 기억하며》, 마티, 2009.
강홍빈 글, 주명덕 사진, 《서울 에세이: 근대화의 도시 풍경》, 열화당, 2002.
고동환, 《조선시대 서울 도시사》, 태학사, 2007.

길모어, G. W., 이복기 역, 《서양인 교사 윌리엄 길모어 서울을 걷다: 14개의 주제로 보는 1894의 조선》, 살림, 2009.
김영상, 《서울 육백년》 1~5, 대학당, 1996.
김은식 지음, 박준수 사진, 《동대문운동장》, 브레인스토어, 2012.
손정목, 《서울 도시계획 이야기: 서울 격동의 50년과 나의 증언》 1~5, 한울, 2009.
손정목, 《일제 강점기 도시 사회상 연구》, 일지사, 1996.
손정목, 《일제 강점기 도시화 과정 연구》, 일지사, 1996.
손정목, 《조선시대 도시 사회 연구》, 일지사, 1988.
손정목, 《한국 개항기 도시 변화 과정 연구》, 일지사, 1986.
윤홍은, 《마지막 공간: 청계천 사람들의 삶의 기록》, 삶이보이는창, 2004.
이경재, 《서울 정도 600년》 1~4, 서울신문사, 1993.
이경재, 《청계천은 살아있다》, 가람기획, 2002.
이태진 외, 《서울 상업사》, 태학사, 2000.
임창복, 《한국의 주택, 그 유형과 변천사》, 돌베개, 2011.
전우용, 《서울은 깊다》, 돌베개, 2008.
전우용, 《한국 회사의 탄생》, 서울대학교출판문화원, 2011.
정기용, 《서울 이야기》, 현실문화연구, 2008.
정운현, 《서울 시내 일제 유산 답사기》, 한울, 1995.
조영래, 《전태일 평전》, 전태일재단, 2009.
최종현·김창희, 《오래된 서울》, 동하, 2013.
키스, E. 외, 송영달 역, 《영국 화가 엘리자베스 키스의 코리아 1920~1940》, 책과함께, 2006.
투안, Y., 구동회 외 역, 《공간과 장소》, 대윤, 1999.
하시야 히로시, 김제정 역, 《일본 제국주의, 식민지 도시를 건설하다》, 모티브북, 2005.
한국생활사박물관편찬위원회, 《한국생활사박물관》 10~12, 사계절, 2004.
홈스, B., 이진석 역, 《1901년 서울을 걷다: 버튼 홈스의 사진에 담긴 옛 서울, 서울 사람들》, 푸른길, 2012.

논문

고석규, 〈18·19세기 서울의 왈짜와 상업 문화〉, 《서울학연구》 13, 1999.
김경일, 〈서울의 소비문화와 신여성: 1920~1930년대를 중심으로〉, 《서울학연구》 19, 2002.
김대길, 〈조선 후기 서울에서의 삼금 정책 시행과 그 추이〉, 《서울학연구》 13, 1999.
김소현, 〈서울의 의생활 연구: 20세기 전반기를 중심으로〉, 《배화논총》 21, 2002.
김지영, 〈근대기 국가 의례의 장으로서의 동교〉, 《서울학연구》 36, 2009.
김지영, 〈조선 후기 국왕 행차와 거둥길〉, 《서울학연구》 30, 2008.
김태우, 〈한국전쟁기 미 공군에 의한 서울 폭격의 목적과 양상〉, 《서울학연구》 35, 2009.
노명구, 〈조선 후기 군사 깃발〉, 《육군사관학교 학예지》 15, 2008.
안주영, 〈시장의 장소성과 노점상에 관한 연구: 서울 황학동시장을 중심으로〉, 《서울학연구》 28, 2007.
원제무, 〈서울시 교통체계 형성에 관한 연구: 1876년부터 1944년까지의 기간을 중심으로〉, 《서울학연구》 2, 1994.
이경아, 〈경성 동부 문화주택지 개발의 성격과 의미〉, 《서울학연구》 37, 2009.
이규철, 〈대한제국기 한성부 군사 관련 시설의 입지와 그 변화〉, 《서울학연구》 35, 2009.
이왕무, 〈본영도형을 통한 조선 후기 장용영의 모습〉, 《장서각》 21, 2009.
이태진, 〈18~19세기 서울의 근대적 도시 발달 양상〉, 《서울학연구》 4, 1995.
전우용, 〈근대 이행기 서울의 객주와 객주업〉, 《서울학연구》 24, 2005.
전우용, 〈근대 이행기(1894~1919) 서울 시전 상업의 변화〉, 《서울학연구》 22, 2004.
전우용, 〈서울의 기념 인물과 장소의 역사성: 가로명 및 공공 부지 조형물을 중심으로〉, 《서울학연구》 25, 2005.
전우용, 〈한말 일제하의 광장주식회사와 광장시장〉, 《전농사론》 7, 2001.
전우용, 〈한말·일제 초 서울의 도시 행상(1897~1919)〉, 《서울학연구》 29, 2007.
정선태, 〈청량리 또는 '교외'와 '변두리'의 심상 공간: 한국근대문학이 재현한 동대문 밖과 청량리 근처〉, 《서울학연구》 36, 2009.
정요근, 〈고려·조선 초의 역로망과 역제 연구〉, 서울대 박사 논문, 2008.
최성규, 〈서울 동교의 도시화에 관한 연구〉, 고려대 석사 논문, 1994.
최인영, 〈동대문 밖 전차의 도입과 역할: 청량리선과 왕십리선을 중심으로〉, 《서울학연구》 37, 2009.
최종규, 〈서울 한양 도성 축성 시기별 성벽 형태 및 구조 고찰〉, 《서울학연구》 47, 2012.
한형구, 〈'소설가 구보 씨의 일일' 계보 소설을 통해 본 20세기 서울의 삶의 역사와 그 공간 지리의 변모〉, 《서울학연구》 14, 2000.
홍시환, 〈서울의 도시적 발전과 동부 교외 지역의 도시화〉, 《건국대학교 학술지》 15-1, 1973.

그 밖에 도움받은 곳

국가기록원, 국립민속박물관, 국립중앙도서관, 국사편찬위원회, 국토지리정보원, 동대문구청 문화체육과, 동대문역사관, 동대문운동장기념관, 문화재청, 민주화운동기념사업회, 서울대학교 규장각한국학연구원, 서울디자인재단, 서울시립대학교 서울학연구소, 서울역사박물관, 서울연구원, 성동구청 문화체육과, 인천시립박물관, 전쟁기념관, 전태일재단, 종로구청 관광산업과, 중구청 문화관광과, 청계천문화관, 한국전력공사 전력연구원, 한양도성연구소, 김도형(스튜디오318), 김병륜(국방일보), 김영준(고미술점 시간여행), 신영문(서울시청 한양도성감과), 이순우(우리문화재 자료연구소)

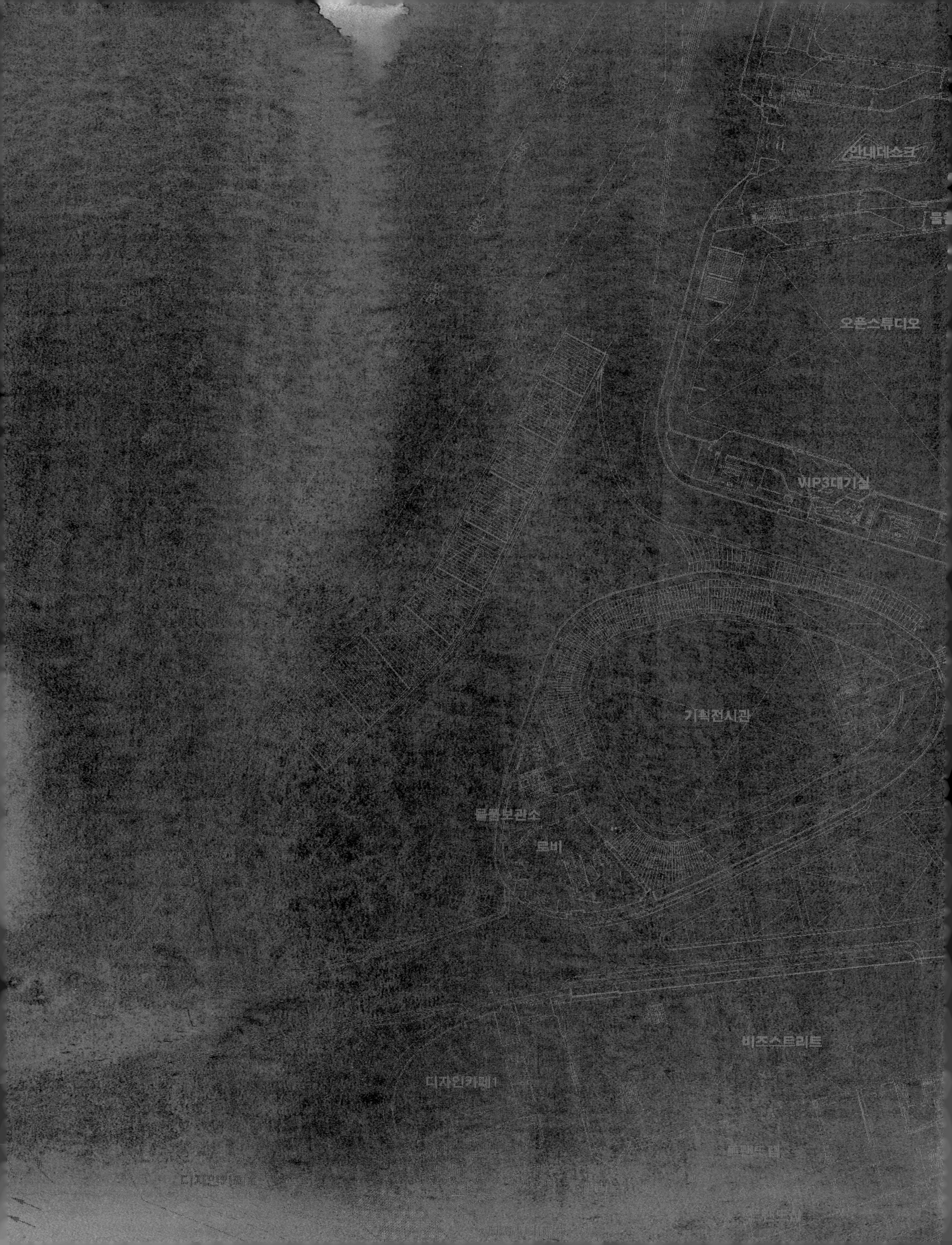

안내데스크

오픈스튜디오

WIP3대기실

기획전시관

물품보관소
로비

비즈스트리트

디자인카페1